# El poder mágico del péndulo

Leonard Hecken

# El poder mágico del péndulo

Licencia editorial para Bookspan por cortesía
de Ediciones Robinbook, S.L., Barcelona

Bookspan
501 Franklin Avenue
Garden City, NY 11530

© 2000, Ediciones Robinbook, s. l.
 Apdo. 94085 - 08080 Barcelona.
Diseño cubierta: Regina Richling.
Fotografía: Regina Richling.
ISBN: 84-7927-534-0.

Impreso en U.S.A. - *Printed in U.S.A.*

# *Introducción*

Uno de los libros con mayor presencia mística, energética e iniciática es, sin lugar a dudas, el *Kybalión* de Hermes Trimegistro. Repasando las páginas de esta obra, encontraremos numerosas máximas que aluden continuamente a la energía, a la vibración y a todo aquello que, aun existiendo, muchas veces resulta intangible.

Si nos acercamos a la física cuántica, descubriremos la existencia de numerosas partículas prácticamente invisibles que nos demuestran que hay «algo más» de lo que nuestro tacto, oído o vista pueden descubrir. En física cuántica se nos enseña, además, que en todo experimento el observador influye en su desarrollo. Las cosas no siempre son tan tangibles como pretendemos. Estamos rodeados de factores colaterales que influyen en la cotidianidad y que debemos descubrir para así poder trabajar con ellos y darles la valoración que necesitan.

Cuando, tras su siesta, Newton tuvo la oportunidad de comprobar la existencia de la fuerza de la gravedad a partir de la caída de la manzana, no pudo considerar otros aspectos que posiblemente se han intuido durante siglos y que ahora se tienen en consideración. La teoría de la gravedad parte de la base de que todo cuerpo que dejemos caer será atraído hacia el suelo, y que caerá a mayor o menor velocidad en función de su peso. Sin embargo, en esta caída debemos considerar el «universo holístico» por el que «navegará» el objeto.

Si en una habitación hay veinte personas contemplando la caída de una pluma, dicha evolución posiblemente no sea la misma que cuando dejemos caer la pluma en presencia de una sola persona. ¿Dónde está la diferencia? Simplemente en que cada persona genera una temperatura, una vibración, una imperceptible corriente de aire y una emanación energética que afectará a la experimentación. Como es lógico, cuanto más numeroso sea el grupo, mayor incidencia generará sobre el resultado del experimento.

Si al ejemplo anterior le añadimos que una experimentación puede diferir de otra en el día de su realización, veremos que a los elementos de influencia ya citados tendremos que añadir otros como los psíquicos, los emocionales y los ambientales. De esta forma, el estado intuitivo y de desarrollo psíquico de los testigos del experimento, el estado emocional de cada uno de ellos y factores como la humedad del ambiente, la temperatura, etc., pueden provocar imperceptibles modificaciones en el desarrollo de la experiencia.

El lector se preguntará adónde queremos llegar. Es muy simple. Hemos pasado la vida basando numerosas teorías en formulaciones y ecuaciones que en ocasiones poseían excesiva rigidez. Todo se intuía como inamovible hasta que se efectuaron los necesarios replanteamientos de conceptos, replanteamientos que modernamente reciben el nombre de «paradigmas». Curiosamente, cuando el ser humano se ha acercado a estos paradigmas, ha llegado a la conclusión de que se armonizaba e integraba mucho más a su entorno, al planeta y a la vida que hay en él.

Los animales y las plantas poseen mayor sensibilidad para con las energías y vibraciones del planeta que el ser humano. Ellos sí captan leves variaciones de temperatura, pequeños cambios ambientales y, por supuesto, la carga vibracional de su entorno.

Algunas personas dotadas de una sensibilidad especial pueden prever un cambio de tiempo, percibir las corrientes de agua bajo sus pies, captar presencias y modificaciones invisibles en su entorno, etc. Estos seres, a los que podemos llamar «sensitivos», simplemente precisan olfatear el aire, cerrar los ojos y hacer un «vacío mental» o, en algunos casos, aplicar la palma de su mano en una zona determinada para percibir ciertos fenómenos. Realizando acciones como las mencionadas, una persona sensible y que mantenga una predisposición adecuada descubrirá un universo a su alrededor, un universo al que viajaremos de la mano de péndulos y varillas a través de las páginas de este libro.

Quisiéramos advertir al lector que, pese a poder parecerlo, éste no es un volumen de magia ni de artes adivinatorias. Éste no es un libro de misterios insondables ni de parapsicológicas teorías, y mucho menos de cultos iniciáticos. Ciertamente, la radiestesia, el uso de los péndulos o las varillas e incluso el empleo de las manos para captar la energía, nos puede parecer algo sobrenatural, pero no lo es.

La radiestesia pone a nuestro alcance técnicas, muchas de ellas milenarias, que nos «acercan» a lo que nuestros hermanos en el planeta, esos otros seres vivos con quienes compartimos este hábitat pasajero, dominan y conocen. Numerosas pruebas demuestran que aves como las palomas mensajeras, las cigüeñas y determinado tipo de ánades siguen año tras año invisibles autopistas telúricas y energéticas trazadas a lo largo y ancho de nuestro planeta Gaia. En las zonas más desérticas del continente africano, animales tan toscos como los elefantes se dirigen guiados por un instinto especial a lugares donde los ojos humanos sólo verían piedra, tierra o arena. Sin embargo, los paquidermos, al llegar a una zona árida determinada, detienen su camino, comienzan a escarbar el suelo ayudados de sus colmillos, trompa y patas delanteras para cavar hoyos de hasta varios metros de profundidad que les permiten encontrar finalmente agua. ¿Qué mecanismo se pone en marcha para que el elefante sepa que allí hay agua? ¿Qué ruta invisible sigue el animal para llegar a su destino? Seguramente un radiestesista, lejos de sorprenderse, nos diría que podemos encontrar agua siguiendo unas sencillas técnicas de sensibilización, recepción y vacío mental.

Hemos mencionado aves y mamíferos, pero los insectos no son una excepción en la captación de las oscilaciones telúricas y energéticas de nuestro planeta. Cabe recordar, por ejemplo, la migración de una rara y longeva especie de mariposa, que pasa la primavera en los profundos bosques mexicanos para, en el cambio estacional, desplazarse hasta Canadá año tras año. Lo importante no es que capte la modificación climática que supone el tránsito de una estación a otra. Lo verdaderamente trascendente es que, generación tras generación, las mariposas conozcan la ruta que tienen que seguir. Podríamos citar aquí numerosos ejemplos más, como el caso de los salmones que remontan los ríos, el de las tortugas que vuelven al mar o el de las rutas de ballenas y delfines tantas veces alteradas por la mano humana y que dan como resultado la desorientación y posterior muerte o suicidio de estas simpáticas y próximas criaturas.

Al respecto de los delfines y ballenas, las últimas teorías apuntan que tanto el cableado submarino como las radiaciones invisibles de los satélites y la emisión de ondas de la moderna tecnología instalada en los barcos pesqueros son las causas principales de la mortal desorientación de estos mamíferos, que se confunden a la hora de decodificar las energías invisibles que marcan sus senderos desde hace milenios.

Como podrá comprobar el lector, el campo en el que nos movemos es apasionante. Lamentablemente con este libro no podremos llegar a descubrir los sistemas de funcionamiento y captación telúrica que emplean los animales, pero sí que aprenderemos poco a poco a sentir y desarrollar lo que mal podríamos llamar un «sexto sentido» innato en nuestra especie, pero adormecido con el paso de los siglos de evolución y prácticamente ya hibernado en países y culturas del primer mundo, donde la tecnología suple a la intuición.

A lo largo de las páginas de esta obra descubriremos los péndulos, aprenderemos a fabricarlos y usarlos junto con las varillas, ya sean éstas metálicas o naturales. Experimentaremos con nuestro propio cuerpo, utilizándolo como herramienta de captación energética. Veremos cuáles son las disposiciones necesarias para relajarnos, vaciar la mente, centrar los objetivos de búsqueda y desarrollar nuestro magnetismo animal. Empleamos este término en honor de Mesmer, personaje sobre el que oportunamente profundizaremos, y a quien debemos considerar como el padre de las teorías del magnetismo y la captación energética tal y como las concebimos en la actualidad.

El aprendizaje referido en el párrafo anterior nos ayudará y permitirá desarrollar, con un poco de paciencia y práctica, las capacidades necesarias para lograr obtener respuestas de nuestro inconsciente, buscar objetos, tanto a distancia como en nuestra propia casa, o trabajar en la localización de personas. Por supuesto descubriremos métodos para localizar agua en el campo, líneas telúricas en una casa o rutas alternativas en nuestros desplazamientos. Ya en un ambiente algo más distendido, veremos qué péndulos y varillas serán perfectos para «jugar» a descubrir el sexo de un bebé, los alimentos que nos conviene ingerir en un día concreto, quién llama por teléfono, o en qué dirección debemos orientar nuestro cuerpo al dormir.

Evidentemente, en este libro recogemos algunos de los experimentos más clásicos, relevantes e importantes de los que se pueden desarrollar con la radiestesia, pero las posibilidades son prácticamente infinitas. El lector que lo desee comprobará con un mínimo esfuerzo que el péndulo e incluso sus propias manos convenientemente entrenadas pueden ser más efectivas que una simple brújula y, por supuesto, hasta más exactas que los modernos localizadores GSM. ¿Un milagro? No, simplemente una realidad a la que debemos despertar, un hecho tangible que nos puede ayudar a tener una mejor calidad de vida. Y ya que entramos en este aspecto, cabe indicar que aprenderemos también a utilizar los péndulos en el diagnóstico médico y que serán de gran utilidad para el sondeo de enfermedades, dolencias y hasta molestias y alteraciones emocionales.

Concluiremos esta somera introducción advirtiendo ya, desde el primer momento, que quien crea que bastará con sostener el péndulo en la mano para lograr hechos poco comunes se equivoca. La radiestesia requiere de mucha práctica, muy buena disposición, una gran paciencia y la mejor fuerza de voluntad que sea posible. Sin lugar a dudas los resultados no se harán esperar demasiado, y ya en las primeras prácticas podremos comprobar que «algo» sucede. No obstante, para logros mayores precisaremos de algo más de tiempo.

Otro aspecto a considerar, y de gran relevancia, es la implicación que toma el operador con sus elementos de trabajo. Dicha implicación pasa por querer superar las metas, descubrir nuevas técnicas e inventar nuevos métodos y sistemas de experimentación. Por eso aconsejamos al lector que una vez leído el libro pase a la práctica y que, después de ésta, se esfuerce un poquito en ir más allá, descubriendo por sí mismo hasta dónde puede llegar. Recuerde, hay todo un mundo invisible que le está esperando. Los péndulos y varillas son su pasaporte.

# Primera parte

Como veremos en el apartado histórico, la historia de la radiestesia es casi tan antigua como el hombre y posiblemente derive de alguna primigenia técnica ganadera de captación de las energías propicias de la tierra.

En esta primera parte del libro descubriremos ese maravilloso mundo energético que nos rodea y que los sentidos comunes no nos dejan percibir. Hay mucho más de lo que captan nuestros ojos a simple vista y, por supuesto, mucho más de lo que podemos escuchar. Veremos que en este plano de energía, como ya dijo Hermes Trimegistro, «Todo fluye y refluye. Todo vibra. Todo está en armonía».

Descubriremos que nuestras acciones, pensamientos, palabras e intenciones, implican un reflujo en nuestro entorno. Cuando comprendamos este matiz, entenderemos de verdad qué es la energía y será a partir de ese momento cuando el ser vivo que habitamos y al que denominaremos «Gaia» se manifieste. Para llegar a este punto de comprensión y experimentación recurriremos a los péndulos. Veremos que no todos ellos son iguales, por lo que emplearemos un tipo de péndulo u otro en función de lo que necesitemos o de la práctica que tengamos que realizar. Por supuesto aprenderemos, como ya hicieron los antiguos druidas, a fabricar nuestros propios péndulos a partir de elementos naturales que nos dará la madre Tierra.

Si hablamos de péndulos, estamos obligados a abordar también el campo de las varillas, primigenio elemento zahorí de captación telúrica. La varilla, que modernamente encontraremos en tiendas especializadas en versión metálica, no es sino la evolución tecnificada y natural de una rama de árbol, concretamente de ramas de avellano u otro árbol considerado como sagrado al cual el sacerdote recurría con veneración y respeto en búsqueda de aquellas ramas que poseyeran la bifurcación adecuada y que emplearía como instrumento para ayudarle a captar los objetivos buscados.

Finalmente, en esta primera parte del libro, aprenderemos también a convertirnos en un péndulo natural y viviente. Para ello, trabajaremos con nuestras extremidades superiores, los brazos y concretamente las manos. A través de las palmas de las manos podremos percibir las vibraciones, tanto telúricas como humanas, que se encuentran a nuestro alrededor.

# Historia de la radiestesia

*«Utiliza la rama de avellano para tus cuestiones afectivas. Recurre a la del roble para las espirituales. Emplea la del sauce para las emotivas y, finalmente, recurre siempre que sea necesario al fragmento del olivo para comprender tu entorno.»*

Gyrid Altock, *La batalla de los árboles*

Parece que fue ayer cuando correteaba por los bosques de la Selva Negra y ayudaba en el pastoreo de los rebaños de mi abuelo Leonard. En aquel tiempo tuve la oportunidad de comprobar que la naturaleza, a través de las piedras, de los árboles y las plantas, se comunica con nosotros. Mi abuelo me enseñó cómo diferenciar una zona fresca de otra húmeda y de otra donde el pasto parecía ser más jugoso. Me desveló maravillosos secretos, como por ejemplo los motivos por los cuales sus ovejas preferían pacer o descansar en determinadas zonas y rehuían otras. Para él estaba muy claro: todo era cuestión de saber escuchar los mensajes de la tierra tal y como hacían sus rumiantes.

Provengo de una familia que a lo largo de los tiempos ha estado vinculada al campo. En mi familia se ha sabido desde siempre, casi como por arte de magia y de generación en generación, que una piedra atada a un cordel de lana era una herramienta útil para detectar las mejores zonas de cultivo o de pasto.

Mis antepasados me dieron la oportunidad de conocer de primera mano lo que más tarde, ya siendo adulto, descubrí como péndulos, varillas radiestésicas, líneas de Ley, etc. Modernamente, la rabdomancia o radiestesia está considerada como una práctica pseudocientífica capaz de ayudarnos en la captación y descubrimiento de energías. Se han escrito decálogos, se han efectuado codificaciones y se han dado nombres a fenómenos que han cohabitado con el ser humano prácticamente desde siempre.

Cuando yo era un niño, me parecía un hecho milagroso que mi abuelo descubriera cosas con un simple palito. Pero afortunadamente para mí, él les quitó el posible halo de misterio que mi inocencia les pudiera dar, y me enseñó que aquello era algo totalmente normal. Quisiera hacer hincapié en esta normalidad, ya que si nos remontamos en la historia veremos que el arte del zahorí ha sido interpretado muchas veces como algo lleno de oscurantismo, magia y hasta cultos secretos.

Sólo hace falta que nos fijemos un poco en algunas culturas mucho más sintonizadas con la Madre Tierra que la occidental de nuestros días para ver que lo que hoy conocemos como radiestesia se ha practicado desde siempre. Algunas tribus amerindias, determinadas culturas precolombinas, numerosos pobladores del lejano Oriente y hasta los celtas, pasando por los griegos y romanos, se han ocupado de descubrir cómo latían las energías de la tierra. Para algunas de estas culturas, dicha búsqueda se centraba en el desarrollo de actos sagrados y litúrgicos que, con el tiempo, han ido derivando hasta acabar siendo interpretados como puramente profanos o mágicos.

## *Ni magia ni superchería*

La palabra *zahorí* procede del árabe *zuhari* que significaría «servidor del planeta Venus» que, al parecer, para los árabes era el que guiaba a las personas que poseían una cierta intuición. Nuestro moderno diccionario de la Real Academia Española nos dice que un zahorí es aquella persona que practica la geomancia y que tiene la facultad de descubrir lo que está oculto. Esta facultad se amplía a los hallazgos de manantiales subterráneos. Pero el error viene cuando dentro de esta misma definición y en su forma figurada, el diccionario defiende que un zahorí es una persona perspicaz y escudriñadora que descubre o adivina fácilmente lo que otras personas piensan o sienten. Todo esto, sin más aclaración, puede conducirnos a un error de interpretación.

El zahorí es una persona que, por definición, trabaja el don de la intuición. Pero este tipo de intuición no es en absoluto una videncia ni una magia adivinatoria como dice el diccionario, que define la geomancia (sinónima de *zahorismo*) como una especie de magia y adivinación que se realiza mediante los cuerpos terrestres o con líneas, círculos y puntos practicados en la tierra.

El zahorí es aquel hombre o mujer que capta la vida oculta del planeta en el que vive. Es alguien que sintoniza con la vibración que desprende el curso de un río o de un lago y que, o bien utilizando su propio cuerpo o bien recurriendo a algunos elementos externos, tiene la facultad de «sentir» la manifestación oculta de energías que pueden venir provocadas por árboles, plantas, animales o minerales, e incluso por la propia tierra.

Antiguamente, en algunas de las culturas que abordaremos más adelante, los zahoríes, que no recibían este nombre, eran iniciados, curanderos, perpetuadores de tradiciones, magos o chamanes, e incluso agricultores y ganaderos; en definitiva, personas normales y corrientes que se habían esforzado en recoger, generación tras generación, el testigo ancestral denominado «captación energética» que sus antepasados descubrieron.

## *El viaje energético*

Los amerindios, concretamente la tribu Kiowa, afirman que «el hombre está ligado a la tierra para siempre en espíritu. La tierra es sagrada. Es una entidad viva y el hombre no puede ser separado de ella y permanecer entero». Mensajes espirituales al margen, lo cierto es que la gran mayoría de tribus de indios americanos se han preocupado por localizar y proteger lo que ellos denominaban «lugares sagrados». Un lugar sagrado adquiría esta categoría porque en él se manifestaban los dioses. Estos dioses podían ser el viento, el agua, el fuego, la tierra u otras entidades arquetípicas de sus creencias que, juntamente con las plantas, los animales y las estrellas, se daban a conocer preferentemente en zonas que hoy sabemos que son enclaves telúricos.

Si seguimos el recorrido en dirección sur por el continente americano, llegaremos a las ruinas de Chichén Itzà. Entramos, pues, en la cultura precolombina que, antes de ser manipulada y exterminada por la conquista de los españoles, realizaba numerosos rituales litúrgicos en honor de las energías y los dioses. En 1961 una expedición de científicos se desplazó a un antiguo pozo donde los sacerdotes mayas arrojaban a mujeres y niños como ofrenda a sus dioses para que éstos les enviasen lluvias. La expedición constató, entre otros aspectos, que aquel era un lugar de fuerte confluencia telúrica.

Si cambiamos de continente y nos centramos en el europeo, bastará mencionar lugares como Carnac, Stonehenge o Colligni para descubrir algunos de los enclaves telúricos más importantes usados por los primitivos pueblos europeos. En todas las localizaciones mencionadas, diferentes culturas rindieron tributo a las energías de la tierra y los árboles. En el caso concreto de Carnac y Stonehenge, esto se llevaba a cabo efectuando una rudimentaria «acupuntura megalítica» que consistía en clavar o levantar grandes bloques de piedra allí donde supuestamente la tierra emanaba sus energías. Casos similares los encontramos en la Península Ibérica, donde podemos apreciar numerosos dólmenes extendidos a lo largo de la cornisa cantábrica y otras construcciones, aun si cabe más extrañas, ubicadas en la isla de Menorca que, siendo también de piedra, reciben el nombre de Taulas.

Siguiendo con la cultura europea destacaremos, aunque ya profundizaremos más en todo ello cuando corresponda, que griegos y romanos recurrían a bueyes, ovejas y cabras para localizar las zonas en las que la tierra se manifestaba como sagrada o especial. Una vez localizado el lugar adecuado, se erigirían en el mismo templos o edificios de culto y hasta de adivinación.

Dejamos el continente europeo para viajar al lejano Oriente. En estas latitudes lo que en Occidente recibe el nombre de «fuerza telúrica», aquí se convierte en «Feng Chui».

El Feng Chui, que goza de gran popularidad también en la cultura occidental, se compone de filosofía, culto y práctica de captación energética. Fue utilizado por los antiguos emperadores chinos, quienes recurrían a sus expertos zahoríes para que les indicasen los lugares más apropiados para erigir sus palacios. Modernamente, estas técnicas se han seguido utilizando para nuevas edificaciones, como es el caso de la planificación del edificio que alberga el Banco de China en Hong Kong, un rascacielos de setenta pisos de altura construido según los preceptos del Feng Chui.

La geomancia china se basa en la influencia que genera el entorno sobre las construcciones. De esta forma, la posición de plantas, árboles, rocas y otros elementos naturales se tendrá muy en cuenta antes de efectuar cualquier construcción, ya que todo debe estar en armonía. Según la tradición china, el cielo y la tierra se crearon con la fuerza de los alientos Yin y Yang. Estos dos principios se corresponden con el arquetipo masculino y femenino, con la fuerza de la inhalación y de la exhalación. La creencia es que la creación sólo la puede completar el ser humano mediante las acciones cotidianas que realicen en perfecta armonía hombres y mujeres.

Como hemos visto en este somero repaso en el que profundizaremos, prácticamente en todo el mundo se ha tenido en cuenta desde siempre la práctica de técnicas que permitan captar la energía. En definitiva, estamos hablando de llevar a cabo radiestesia o, si se prefiere, rabdomancia.

## *Llegando a nuestros días*

En la actualidad, todas las técnicas en las que se emplea el péndulo o la varilla y que tienen relación directa con la radiestesia han bebido en fuentes provenientes de diversas culturas y tradiciones. Esta evolución natural ha permitido una cierta tecnificación y desarrollo de elementos que ayudan en el trabajo de la captación de la energía.

Como vemos, resulta muy complicado establecer una fecha concreta que nos sirva como un punto de partida u origen único e indivisible de lo que sería la radiestesia. Quizá lo más fácil sea afirmar que es patrimonio de la humanidad. Cada cultura ha utilizado las técnicas que tenía más a mano para descubrir la mejor forma de encontrar esta ansiada armonía o este bien incalculable que es el agua. Pero debemos ir más allá y recordar que las técnicas de radiestesia también han servido para detectar enfermedades, localizar a personas desaparecidas y, posiblemente, para algo mucho más importante en otros momentos como sería hallar los lugares idóneos para el pastoreo o los que mejor rendimiento pudieran dar para la agricultura.

En esta evolución de la historia de la radiestesia, debemos interpretar que originalmente los seres humanos captaban sensaciones que seguramente no entendían muy bien, pero que les sirvieron para detectar y diferenciar las zonas positivas de las inarmónicas. En un segundo estadio se debió recurrir a la observación de las plantas, árboles y también animales para verificar lo que se manifestaba en el entorno. Posiblemente después se comenzó con el desarrollo de pequeños y simples útiles de captación, como fueron las ramas de determinados árboles o, como me enseñó mi abuelo, uniendo un cordel a una piedra. Finalmente, como sucede en la época actual, se procedió al troquelado y tallado de metales, maderas o piedras para la elaboración de péndulos, que ya en nuestros días podemos encontrar incluso con pequeños *leds* (pequeñas bombillas que funcionan con batería, que parpadean ante las alteraciones y oscilaciones del péndulo).

En todos estos siglos de evolución, la historia de la radiestesia ha modificado sus aplicaciones y usos, pero, sin lugar a dudas, han sido los cultos religiosos los que mayor empuje le han dado, ya que con los sistemas de captación de energía era factible descubrir el lugar más apropiado y, por extensión, sagrado para rezar, meditar o erigir cualquier tipo de templo.

Tradiciones al margen, la radiestesia de hoy se centra en temas quizá más lúdicos, como son los puramente especulativos o adivinatorios, aunque no por ello olvida los característicos o puramente sociales, como son la búsqueda de desaparecidos o los diagnósticos médicos.

Decía, al inicio de este capítulo, que el término *radiestesia* y su vinculación a lo no-mágico es relativamente moderno. Para empezar, *zahorí* es, para los radiestesistas, un término que se halla en total desuso. Antiguamente el zahorí era el personaje que buscaba aquello que no estaba a la vista mediante baquetas o péndulos; hoy recibe el nombre de radiestesista, que es quien tiene como objetivo buscar y descubrir todo aquello que posee una existencia real, pero permanece oculto para las facultades «normales».

El término *radiestesia* apareció por primera vez en el año 1919 y se lo debemos al sacerdote francés Alexis Bouley (1865-1919). Este hombre descubrió su habilidad como zahorí por casualidad, buscando fuentes de agua a grandes profundidades; cuando se adentró en esta temática, descubrió cementerios merovingios desconocidos en algunos castillos feudales. Tras la Primera Guerra Mundial, Bouley fue contratado por el gobierno francés para detectar explosivos ocultos. El padre Bouley, pionero de la radiestesia mundial, vio el reconocimiento público a sus investigaciones al ser condecorado con la Legión de Honor en 1950. Este hombre creó la palabra *radiestesia*, uniendo los términos *radius*, en alusión a la línea y *manteia*, que significa «sensibilidad».

De lo que no cabe duda es de que la radiestesia es una cuestión sobre todo de sensibilidad. Al neófito practicante le puede parecer que el péndulo o la varilla poseen vida propia, nada más lejos de la realidad. Siempre es el operador quien hace mover el instrumento, aunque lo importante es que parezca que se mueve por sí solo. Como veremos en el desarrollo de los ejercicios correspondientes, cuando el radiestesista consigue integrarse con el entorno es cuando ocurre este hecho. Pero no adelantemos acontecimientos, que tiempo habrá de realizar prácticas y ejercicios interesantes y gratificantes.

## *Cronología indispensable*

Hemos visto buena parte de la evolución de la radiestesia. Sin embargo, para mejor comprensión del lector, consideramos indispensable hacer mención a algunos de los personajes y hechos más relevantes vinculados con estas técnicas.

Comenzaremos por remontarnos al bíblico Moisés. En Éxodo, 17, 1-6 leemos: «...Lleva también en tu mano el cayado con que golpeaste el río y vete, que allí estaré yo ante ti, sobre la peña, en Horeb; golpearás la peña, y saldrá de ella agua para que beba el pueblo». No entraremos en la discusión de si se trata de un hecho milagroso o no. En cualquier caso, lo que sí parece relevante es que tras el uso de una vara o cayado, el profeta Moisés obtuvo agua. Algunos investigadores han visto en este hecho una clara escena radiestésica, y son muchos los que defienden que Moisés fue uno de los precursores en usar las varillas.

De Moisés nos vamos al año 2200 a. C. En el año 147 antes de nuestra era, se halló un grabado chino en el que aparece el emperador Yu, correspondiente a la dinastía de los Hsia, que lo muestra sosteniendo en su mano un utensilio en forma de diapasón. La interpretación que se ha dado de este grabado es que el diapasón es un péndulo, teoría que nace sobre la base de la certeza de que el emperador Yu era gran conocedor y descubridor de minas, fuentes y objetos ocultos.

Acercándonos ya más a nuestros días, vemos que un dibujo alemán de 1420 nos muestra a un minero que lleva en sus manos una vara en forma de horquilla de zahorí. Y es que entre los siglos XV y XVI, la radiestesia, aunque no como la conocemos hoy, gozó de gran popularidad. Así, vemos que el monje benedictino Basile Valentín, relata en su obra *Novum Testamentum* que péndulos y varillas son muy útiles para los mineros alemanes que buscan en la tierra tesoros ocultos y ricos minerales. Y todavía otro dato, Lutero, en 1518, afirma que la vara radiestésica no es sino una forma de entrar en contacto con el mismísimo diablo. No cabe duda de que si el protagonista de la Reforma se preocupó tanto por ese instrumento, se debió a que era empleado con profusión en la sociedad de la época.

Cambiando de siglo, estamos obligados a centrarnos en el XVII, siglo en el que gozará de gran popularidad Jacques Aymar. Este personaje era un famoso zahorí que recorría los caminos en busca de asesinos y maleantes. A pesar de que en la corte se le intentó catalogar de charlatán y estafador, sin faltarle los detractores, ha pasado a la historia como uno de los mejores radiestesistas de su tiempo.

En este libro hablaremos de cómo utilizar nuestras manos a modo de una vara radiestésica. Pues bien, ya en 1782 Bléton mostró, ante más de mil personas y utilizando solamente sus manos, por dónde fluían determinadas corrientes de agua, hecho éste que sirvió para la posterior construcción de un acueducto.

En este repaso histórico no podemos obviar la llegada a escena del péndulo. No es hasta 1789 cuando el físico Gerboin descubre este instrumento básico en la radiestesia. Gerboin era profesor de la facultad de medicina de Estrasburgo y, por casualidad, le dio una esfera de madera unida a un cordel al hijo de un amigo suyo. La esfera pretendía representar el globo terráqueo que serviría de referencia para Gerboin a la hora de relatar alguno de sus viajes a las Indias. El hecho significativo aconteció cuando Gerboin se dio cuenta de que aquella esfera se movía y oscilaba sin que nadie la tocase, y aún más cuando el brazo del niño estaba inmóvil. Este hecho le sirvió para profundizar en nuevas investigaciones que le llevaron a erigir el péndulo como el instrumento perfecto sustituto de la, hasta el momento, varilla de zahorí.

Siempre ha habido detractores y a Gerboin no le faltaron. En su caso se dijo que el único mérito del profesor consistía en haber importado de uno de sus viajes un instrumento que ya se usaba en otra cultura y que él se había apropiado como personal.

Otros nombres de obligada referencia en la radiestesia son:

◆ El alquimista francés Chevreul publicó en 1853 uno de los primeros libros sobre esta temática: *De la Vara Adivinatoria*.

◆ El abad Bouley, creador del término radiestesia.
◆ El abad Mermet, hijo y nieto de zahoríes, quien utilizaba como péndulo su reloj y se especializó en la radiestesia médica.
◆ El doctor Jules Régnault, quien presidió el Primer Congreso Internacional de Radiestesia en el mundo.

Grabado clásico que nos muestra diferentes zahoríes con sus ramas de árbol, ramas que hoy han sido sustituidas, en muchos casos, por las modernas varillas radiestésicas metálicas.

# ¿Qué es la energía?

*«La energía es toda aquella manifestación de vida en la que estamos inmersos y unidos indisolublemente a lo largo de la existencia.»*

Pedro Palao Pons

No podemos trabajar de forma conveniente las técnicas de radiestesia sin comprender en qué parámetros vamos a movernos. Teóricamente, cuando hablamos de energía nos estamos refiriendo a una fuerza invisible que provoca una serie de reacciones, pero ampliando mucho más el término, tenemos que ver la energía en su concepto más amplio, como aquel poder que está relacionado con la fuerza de voluntad, el vigor en la acción, el tesón en la actividad y, por supuesto, en la virtud para obrar.

Es evidente que la energía, sea cinética, nuclear o eléctrica, tiene una existencia real y tangible. Pero hay otros campos de fuerza que generan energía al margen de la acción, y es en éstos en los que vamos a profundizar en de las páginas de este libro.

Partiendo de la premisa de que un péndulo o varilla, al igual que sucede con nuestra mano, se halla influido directamente por la acción del operador, puede parecer que la energía tiene poco protagonismo o implicación en este asunto y, sin embargo, se trata de todo lo contrario. Las manifestaciones energéticas, de la índole que sean, provocan o generan campos vibracionales, en ocasiones muy sutiles, que podemos captar. Dichos campos o flujos serán captados sin los sentidos tradicionales, es decir, que los percibiremos de forma intuitiva. Como ejemplo de esto, supongamos que un día cualquiera decidimos prestar atención a nuestros pies cuando caminamos. Si al andar nos desplazáramos por un suelo totalmente recto y llano, sin obstáculos, podríamos concentrarnos en sentir cómo es la superficie que pisamos. Si bajo un tramo de este recorrido hubiera una bolsa de aire de la suficiente profundidad o un pozo, sólo un 2% de las personas lo notarían. En cambio, algunos animales desviarían sus pasos al percibir una diferencia por el terreno en el que transitan.

Retomando el ejemplo anterior, el lector verá que en cuanto se sensibilice para trabajar con sus péndulos y varillas, ello será extensible a sus extremidades superiores e inferiores y percibirá la energía de la que estamos hablando. No notará una energía manifestándose, sino que habrá «algo» que le parecerá diferente y que no percibirá con sus sentidos habituales como la vista, el tacto, etc. Bajo sus pies habrá quizá un pozo de agua, una bolsa de aire o una mina que poseerá una densidad diferencial de la que está pisando. Pues bien, esta densidad también forma parte de esa energía a la que nos referiremos a lo largo de este capítulo.

## Energía y sabiduría

En la gran mayoría de cultos iniciáticos y tradiciones místicas, la energía es un arquetipo que se tiene en consideración a numerosos niveles. Energía es el pensamiento y cada vez que estamos recordando, formulando una proyección o simplemente reflexionando sobre cualquier tema que nos resulte interesante o preocupante, estamos generando un campo energético a nuestro alrededor, campo que afectará al entorno y que puede ser captado por otras personas.

Cada vez que un ser humano expresa una vivencia o emoción, se produce en su interior un movimiento químico y al tiempo energético. De esta manera, si estamos profundamente entristecidos, no será necesario que adoptemos una postura concreta ni demos a nuestro rostro una expresión determinada, ni tampoco hará falta que cuando hablemos lo hagamos en un tono apático. La tristeza estará latente en nuestro interior, aunque no hagamos nada y provocará vibraciones que solamente los más sensibles serán capaces de captar. Nuevamente estamos hablando de energía.

La energía es sabiduría, pero no debemos confundir esta sabiduría con el conocimiento intelectual basado en el puro aprendizaje mnemotécnico o repetitivo. La energía es sabiduría cuando tenemos la capacidad de intuir, de percibir más allá de la razón, de lo cartesiano y de lo matemáticamente establecido. De esta forma, el sabio podrá comprender mucho mejor el entorno en el que se mueve, ya que no establecerá juicios de valor basándose en lo que ya conoce o puede constatar mediante sus sentidos habituales, sino que lo hará teniendo una visión de conjunto en la que se interrelacionarán la parte material con la espiritual, es decir, lo tangible con lo intangible. Éstas son facetas en las que la gran mayoría de los grupos iniciáticos han profundizado desde siempre, para alcanzar de esta manera la ansiada integración con el Todo.

## *Manifestaciones de la energía*

Como ya hemos comentado, la energía es pensamiento y acción, pero también tiene otras formas de manifestarse. Todo aquello que está vivo en el planeta genera vibraciones y, por tanto, impulsa energía que puede ser captada, simplemente porque, como ya hemos dicho, cualquier manifestación implica una afectación en su entorno.

Cuando buscamos sobre un mapa a una persona desaparecida, es evidente que su energía no se encuentra en la superficie del papel. Puede que incluso ni siquiera conozcamos al sujeto objeto de nuestra búsqueda. Entonces, ¿por qué el péndulo gira en una u otra dirección? Quien hace que el péndulo se mueva es el operador, aunque en este caso, la mano que sostiene el péndulo no posee voluntad y el movimiento no se efectúa de forma subjetiva. Lo que ocurre es que la energía se manifiesta a partir del pensamiento de quien sostiene el péndulo. El operador piensa en aquella persona que está buscando. Recrea en su mente la imagen, el nombre o un ideograma que le facilita la generación de la energía necesaria para que su intuición provoque una vibración y el brazo acabe por moverse. En este caso ha funcionado la energía del pensamiento.

Pero volviendo al tema que nos ocupa, ¿cómo es posible que podamos encontrar un tipo de mineral determinado? ¿A qué se debe que hallemos una zona de tierra bajo la que se encuentra un tesoro? Y todavía más, ¿cuál es el secreto para descubrir en una casa las vibraciones negativas? Efectivamente, no todo es pensamiento. No todo pasa por generar una intención en nuestra mente. Muchas veces el secreto estriba en ser buenos receptores y saber captar la esencia de la energía que se manifiesta.

Veremos seguidamente algunos de los grupos energéticos que debemos considerar y tener presentes en nuestras experimentaciones para así manejarnos mejor en el uso de péndulos y varillas.

*Energía humana*
Es la generada por cualquiera de los campos de acción de un ser humano, ya sea de forma consciente o no, mediante sus pensamientos, ya sean recuerdos o proyecciones, la de las palabras y formulaciones en voz alta y, por supuesto, las derivadas de las acciones, tanto si son reflejas como instintivas o debidamente programadas.

Debemos diferenciar entre la manifestación de la energía humana emisora y la receptora. Podemos captar cómo es nuestra energía y de qué manera la estamos manifestando. En este caso se trataría de la emisora. Pero también puede ser que captemos cualquier manifestación energética de otra persona que posee otras singularidades, energía que clasificaremos como receptora.

*Energía animal*
Es, como su propio nombre indica, la destilada por las acciones animales, sea cual sea su especie. Por supuesto, esta energía puede ser captada aun sin la presencia de la criatura en cuestión.

Siempre debemos tener presente que no será igual la energía de un animal doméstico (sometido al influjo humano) que la del mismo animal en estado salvaje.

*Energía vegetal*
Es la que transmiten todas las plantas, las flores y los árboles, pero también tenemos que incorporar aquí la de sus frutos. De esta forma una manzana, pese a no estar unida a su árbol, continúa emitiendo una vibración energética al igual que cualquier otro fruto. Dentro de este reino la energía más fuerte acostumbra a ser la que emiten los árboles en su hábitat natural. Diversas pruebas muestran que no producen el mismo campo vibracional los árboles de un bosque que los de un simple jardín casero, dado que en este caso su vibración se mezcla con la de un entorno que no es el suyo propio.

### *Energía mineral*

Es la emitida por los elementos que componen este reino. Las que tienen una mayor fuerza son las de gemas, cuarzos y piedras tipo sílex. Cabe resaltar que cuando alguno de los elementos del reino mineral se interrelaciona con determinadas fuerzas telúricas, incrementa su poder vibracional. Un ejemplo de ello serían algunos megalitos, dólmenes y menhires.

### *Energía de los elementos*

Es la que generan y emiten los cuatro elementos básicos —agua, tierra, aire y fuego—, siempre y cuando todos éstos se produzcan de una forma natural y sin la intervención humana, ya que en este caso podría existir una variación energética. Destacaremos los siguientes subgrupos:

1. **Aire:**

- Energías provocadas por el planeta. Corrientes de aire y vientos en general. Considerando como energías especiales las de los huracanes y las provocadas por tormentas de gran intensidad.
- Las derivadas de los perfumes y esencias, siempre y cuando éstos sean de índole natural.
- Las destiladas por los olores corporales animales o humanos que se generan a partir de estados químicos emocionales o instintivos.

2. **Tierra:**

- Serían las energías formadas por todo el reino mineral, por la tierra y su orografía en general, con especial relevancia las obtenidas de cuevas, grutas y montañas, aunque también son significativas las de zonas volcánicas.

**3. Agua:**

Compondrían este grupo las energías de los mares y océanos, así como las de los ríos y lagos. Por supuesto incluiríamos en este grupo la energía de la lluvia, al parecer una de las más fáciles de captar en el ambiente.

◆ Son de especial consideración las energías de fuerza que nacen en los saltos de agua y cataratas.

**4. Fuego:**

Incluyendo los naturales fruto de una erupción volcánica y la de aquellas tormentas de aparato eléctrico que puedan provocar incendios.

◆ Serán especialmente relevantes las energías que nacen del fuego sagrado, es decir, aquellas que se manifiestan a partir de elementos que se prenden en ceremonia como las hogueras rituales o las velas o antorchas naturales.

## *Energía ambiental*

En general se tratará del tipo de energía que podemos captar en el entorno que nos encontramos. Debemos distinguir entre la artificial y la natural. De esta forma, la natural es la que encontraremos en cualquier zona geográfica del planeta que no esté sometida a la acción directa del hombre, mientras que la artificial poseerá esencia humana. Un buen ejemplo sería la diferencia que encontraríamos entre dos cuevas. Aunque ambas son elementos naturales, si en una jamás ha habido presencia humana, destilará una energía diferente de aquella otra que haya estado habitada.

La energía ambiental más compleja es la que encontramos en los lugares públicos, de trabajo y en algunas casas que se hallan perturbadas por las acciones que se desarrollan en su interior. El ambiente vendrá determinado, además de por una buena configuración telúrica del recinto, por las actitudes y estados emocionales de sus habitantes.

## *Energía inanimada*

Es la que ha quedado impregnada en un objeto que no posee vida propia, como por ejemplo, un anillo, un reloj, una prenda de ropa o aquellos objetos que son de uso común y han absorbido la energía o vibración de quien los ha llevado o usado.

## *Ejercicio de prueba*

Ahora que el lector ya conoce numerosas formas de manifestación energética, le sugerimos que realice un ejercicio de captación de energía en su entorno. No se trata de entrar de lleno en el arte de la radiestesia. El objetivo sólo es sentir. Procederemos de la siguiente forma:

1. El operador se vestirá con ropa cómoda y dejará en su domicilio aquellos elementos que puedan perturbarle, como relojes, cadenas, etc. El único elemento que emplearemos será un lápiz y un par de folios que servirán para realizar las anotaciones.
2. Comenzaremos por captar la energía del lugar en el que estamos. Después proseguiremos con el exterior de nuestra vivienda, en nuestra propia calle. Acto seguido complementaremos el ejercicio en la ciudad entrando en diferentes establecimientos públicos, como un restaurante, una tienda, un templo, etc.
3. Entenderemos que «captar la energía» es lo más parecido a no hacer nada. No se tratará de entrar en un lugar y ver si es bello

a nuestros ojos o agradable a los oídos por su sonorización. Sólo debemos preocuparnos por «estar», sin más. Dejaremos que el entorno nos envuelva y no juzgaremos ni permitiremos que los sentidos habituales nos engañen. Intentaremos no usarlos.

4. Al llegar al lugar en el que intentamos captar la energía, podemos relajarnos un poco con la respiración y después simplemente caminar y desplazarnos por las dependencias, intentando descubrir qué sentimos.
5. Al finalizar el recorrido, tras salir del lugar, tomaremos nota de lo percibido. Pero esta nota no debe ser sobre la base de parámetros como frío, calor, humedad, mal olor, etc. Al contrario, eso, aunque nos influya, ahora no es importante. Debemos anotar únicamente sensaciones como: agradable, extraño, inquietud, paz, etc. Se trata de ver qué sentimos.

El ejercicio anterior será de gran ayuda para comenzar a familiarizarnos con determinadas energías inertes y ambientales, pero dando un paso más podemos continuar la experiencia con elementos de otros reinos. Un sistema muy interesante de captación es la visita a un zoológico o lugar en el que podamos observar animales de distintas especies.

Nuevamente, en esta fase de ejercicio, debemos dejar a un lado la objetividad que nos dictan los sentidos para centrarnos en la percepción. Si ponemos un poco de interés descubriremos que cada animal posee una naturaleza, una idiosincrasia energética determinada. Como en el caso anterior, tras la observación, tomaremos nota de lo presenciado.

Una tercera modalidad de toma de contacto será la que realizaremos con personas. Así, procuraremos vernos con diferentes amistades o familiares y, mientras mantenemos una charla o diálogo con ellos, centraremos toda la atención en ver qué tipo de energía y de sensación nos dan.

Estos ejercicios serán de gran ayuda para cuando profundicemos en otros de mayor envergadura y trabajemos ya directamente con péndulos. Para todos los casos siempre debemos recordar un principio básico: la energía posee muchas formas de manifestarse, pero está en todas partes y sólo es preciso un poco de sensibilidad para llegar hasta ella.

Otro punto importante es que las vibraciones varían, no sólo por el objeto que es observado, sino también por el estado de captación en que se encuentre el observador. Ello quiere decir que el radiestesista puede influir en un fenómeno, por eso es imprescindible ser lo más neutro posible.

Si tomamos un péndulo con excesiva ansia, con demasiado interés por hallar resultados inmediatos, podemos obtener alguno que sea erróneo. De igual manera, si el estado emocional de quien practica no es el correcto, ello puede afectar a la experimentación. Por poner un ejemplo, quien tome el péndulo dominado por la ira o la tristeza o bajo un estado emocional de profunda apatía o depresión, verá que los resultados obtenidos estarán más en consonancia con su estado emocional que con la realidad. Por eso es imprescindible que cuando trabajemos con el péndulo lo hagamos de forma plácida, sin prisas, dejándonos llevar libremente.

Aunque todos estos puntos los abordaremos de forma pormenorizada, conviene tenerlos muy en cuenta cuando captamos la energía, ya que la vibración interactúa con el experimentador y en ocasiones le afecta gravemente. Como veremos en el capítulo siguiente, puede darse el caso de que la manifestación energética se corresponda con una línea telúrica y provoque desde molestias físicas hasta cambios repentinos de humor. Sirva como ejemplo el de aquellas personas que entran felices en determinado templo y salen de él profundamente angustiadas o doloridas y viceversa. Ello no siempre se debe al grado de oración, sino que muchas veces está relacionado con la energía que se ha captado en dicho lugar.

## Las energías telúricas

*«Acepta que la tierra te acoja en su seno, que el serpenteante viento acaricie tu rostro, que las aguas limpien y purifiquen tu cuerpo y que el fuego te seque con su poder divino. Sólo entonces vivirás en armonía con la naturaleza.»*

Dicho Druídico

En esta primera parte del libro hemos tenido la oportunidad de comprobar la importancia que ha tenido para numerosas culturas la Madre Tierra. Es como si los antiguos hubieran descubierto el secreto de sus vibraciones y, por extensión, de sus fuerzas telúricas.

Antes de entrar de lleno en las famosas líneas de Ley y en todo lo que significa el telurismo aplicado a la radiestesia, es conveniente remarcar aquellos puntos que nos servirán como nexo de unión con los antepasados. Así, veremos que no estamos sino retomando ese testigo que hombres más sabios e ilustres que los tecnificados de hoy en día dejaron a la espera de ser recogido por alguien.

Existe una cierta e insana confusión a la hora de establecer descripciones sobre los fenómenos telúricos. El telurismo es el nombre de un fenómeno, de un hecho real que acontece en todo el planeta. El telurismo es una influencia que los elementos naturales como el suelo o el agua ejercen sobre las personas que transitan cerca de ellos o viven en sus inmediaciones, y si bien se ha asociado muchas veces con fenómenos mágicos, poco o nada tienen que ver con ellos.

Han sido muchos los investigadores que han intentado descubrir de qué manera se manifestaba la energía de la tierra en determinados lugares para convertirlos en recintos especiales. En nuestros días, el bioquímico británico James Lovelock se ha hecho famoso por su teoría de ver la Tierra como un planeta vivo que se comunica con su entorno a través de una serie de manifestaciones energéticas. Estas manifestaciones son las líneas que describió Alfred Watkins, quien les dio el nombre de «líneas de Ley» y las definió como unos hipotéticos caminos invisibles que conectaban los diferentes puntos sagrados, es decir, aquellos lugares donde la tierra manifiesta su energía. Dichas manifestaciones formarían parte del telurismo. Pero antes de centrarnos en Watkins y en sus líneas de Ley, efectuaremos un viaje al pasado.

Uno de los testimonios más antiguos lo encontramos en el Egipto imperial y faraónico. No hay ninguna duda de que las pirámides fueron levantadas en zonas muy concretas por las que pasaba la energía. Los sacerdotes egipcios conocían, pues, lo que hoy denominamos «telurismo» y lo aprovechaban e incrementaban aun más si cabe mediante las figuras geométricas piramidales convertidas en edificios y fastuosas tumbas. Actualmente sabemos que la pirámide de varillas, madera o plástico es capaz de alterar o modificar las energías e incluso incrementar las que se encuentran de forma natural en cualquier paraje.

Si viajamos al continente americano, veremos que tanto la cultura maya como la azteca curiosamente también erigieron pirámides y que, como sus hermanas las egipcias, poseen ciertas orientaciones en vibración con la energía que desprenden aquellos lugares.

En Europa nos encontramos con un viejo continente lleno de megalitos. Al parecer hubo una cultura megalítica que adoraba las piedras. Las trabajó, pulió y diseñó para lograr de ellas una ayuda especial, para erigir, en ocasiones con gigantescos bloques de piedra, templos, recintos sagrados y lugares de purificación. Resulta singular que si hacemos una prospección por la gran mayoría de estos recintos, la energía esté latente en todos ellos.

No sabemos si hubo una cultura o civilización de las piedras. Desconocemos los diseñadores auténticos de este movimiento rupestre. Pero lo que está claro es que desde los primigenios teutones hasta los íberos, pasando por los celtas, usaron el poder de las piedras para lograr sus propósitos.

Quizá de entre todos ellos los que más destacaron fueron los sacerdotes celtas, que reciben el nombre de «druidas». El término *druida* (despectivamente «el loco» o «pirado de los árboles», según los romanos) define a una persona, hombre o mujer, que estuvo en perfecta sintonía con la madre naturaleza. Los druidas muy rara vez erigieron templos, dado que su templo era el bosque y concretamente los claros que había en él. De todas formas, en más de una ocasión recurrieron a edificios de piedra que encontraban en sus emplazamientos. Los druidas se dieron cuenta de que una piedra menhir tenía la facultad de incrementar las líneas telúricas que emergían de la tierra. Como sabemos, el menhir es aquel monumento megalítico que simplemente se forma por una piedra larga que ha sido hincada verticalmente en el suelo. Los menhires les sirvieron a los druidas para delimitar caminos, efectuar marcas en sus zonas sagradas y potenciar aquellos recintos en los que invocaban a sus dioses o a los espíritus de la naturaleza.

Numerosos investigadores creen que en determinadas culturas se tenían sistemas para captar las zonas sensibles del planeta, puesto que creían, al igual que lo piensa Lovelock, que la Tierra era un ser vivo. Las modernas teorías pretenden demostrar que culturas como las mencionadas dominaban el arte de la acupuntura megalítica y, por extensión, el conocimiento de las líneas de Ley y, cómo no, el arte de la radiestesia.

Watkins era un simple aficionado a la historia a quien le gustaba explorar antiguos asentamientos. Este hombre pasó años viajando por diferentes regiones de Inglaterra y Gales. Tras sus observaciones llegó a la conclusión de que muchas de las piedras y menhires que encontraba dispersas no estaban allí por casualidad, sino que habían sido colocados con toda la intención en filas que recorrían el paisaje en línea recta. Fue en 1921 cuando el galés Watkins acuñó el término líneas de Ley, tomando prestada la palabra sajona para definir así las praderas marcadas. A las investigaciones de Watkins siguieron otras de diferentes filósofos, historiadores y amantes de pasatiempos que se dedicaron a buscar con ahínco la correspondencia que pudiera existir entre menhires y megalitos y dichas líneas.

Lo que en un principio fue un mero entretenimiento o pasatiempo y quién sabe si una buena excusa para salir al campo, se convirtió, con el paso de los años, en toda una dinámica dogmática que ha seguido hasta nuestros días en la que se defiende la hipótesis de que las líneas de Ley son las venas de la Tierra, capaces de afectar las construcciones, animales y personas y que en ocasiones es preciso armonizar para evitar su nefasta influencia. En definitiva, se trata de las mismas manifestaciones o venas energéticas de las que nos habla el Feng Chui.

Quizá uno de los máximos exponentes de la existencia de las líneas telúricas de energía sea Stonehenge. Pero no es necesario ir tan lejos para encontrar estas influencias de la Madre Tierra. Como veremos, en cualquiera de nuestras casas, negocios u oficinas, podemos encontrar las líneas de Ley. Si bien es cierto que suelen hallarse cerca de los templos, puesto que han sido erigidos allí donde la energía es más fuerte, las corrientes magnéticas de la Tierra están por todas partes. Prueba de ello es el trabajo realizado por Thomas Lethbridge, conservador de antigüedades anglosajonas en la Universidad de Cambridge.Este caballero comenzó a trabajar en el mundo de las energías con un simple péndulo y una varilla de zahorí. A principios de los años treinta se aplicaba en la búsqueda de aguas y objetos enterrados. Poco a poco fue profundizando en la temática de la pesquisa y acabó buscando tumbas vikingas en una isla del canal de Bristol.Pasó largo tiempo en la isla buscando los tesoros vikingos, y se dio cuenta de que cada vez que pasaba sobre un depósito de roca volcánica, su varilla de zahorí se curvaba. Esto le dio fuerzas para sostener la hipótesis de que las rocas volcánicas irradiaban un campo especial de energía. Con la práctica, se dio cuenta de que estos campos energéticos afectaban al ser humano, a los animales y a las plantas.

Lethbridge continuó en la profundización de los campos radiestésicos, trabajando con un péndulo y una simple varilla de zahorí. Sus experimentos le sirvieron para captar todo tipo de objetos, corrientes de agua subterránea, cementerios, e incluso se atrevió a practicar con seres humanos, a los que les descubría dolencias y hasta estados emocionales alterados. Este investigador, conocedor de las líneas de Ley, decidió comprobar la veracidad de dicha teoría llegando a la conclusión de que efectivamente existían ciertas corrientes distribuidas por vastas extensiones de tierra. Descubrió que ocasionalmente las líneas se cruzaban y que allí donde se producía la intersección es donde la fuerza adquiriría mayor poder. Curiosamente, en numerosos lugares donde descubrió las intersecciones se había erigido un templo o clavado un menhir.

Todavía hoy no sabemos a ciencia cierta de qué estamos hablando cuando nos referimos a las líneas de Ley y, por extensión, a las líneas de energía telúrica. Lo único que está claro es que el planeta nos afecta con su actividad. Lo único que se ha podido demostrar es que, en función de la ubicación en la que nos encontremos, percibiremos mayor o menor fuerza, una fuerza que podremos captar mediante el uso de péndulos y varillas y controlar a través de la manipulación energética que nos ofrecen objetos como las pirámides ya mencionadas.

## Los péndulos

> «*En radiestesia, unos encuentran objetos, otros descubren explicaciones. Esto es sin duda mucho más cómodo.*»
>
> Abad Mermet

El péndulo, junto con la varilla, es el principal elemento de trabajo de todo radiestesista. El péndulo es, por definición, un material moderadamente pesado unido a un cordel, cadena o hilo que le sostiene. De todas formas, cabe resaltar que el péndulo ideal será aquel cuyo tirante no exceda de treinta centímetros y cuya carga no sobrepase los setenta u ochenta gramos.

Desde 1789 hasta nuestros días, la evolución del péndulo ha sido significativa. De todas formas, podemos afirmar que cualquier objeto que reúna unas características similares a las descritas, servirá como péndulo. A lo largo de la historia se han utilizado como péndulos relojes, anillos, pulseras, piedras, pequeñas piezas metálicas, balas, etc. Por tanto, vemos que casi todos los instrumentos pueden reconvertirse en péndulos.

El lector encontrará en el mercado especializado varios tipos de péndulos, pero de todas formas, y dado que lo mejor es crear uno mismo el péndulo de manera personalizada, daré las oportunas indicaciones para que ello sea posible. En este caso seguiremos las antiguas tradiciones célticas, mucho más armonizadas con la naturaleza y los cuatro elementos.

Para comenzar a trabajar, al operador le bastará con un sencillo péndulo tipo plomada, es decir, el clásico compuesto por una cadenita y un peso que adopta una forma cilíndrica o cónica en su extremo. Con el tiempo y un poco de práctica, podrá dedicarse a construir sus propios péndulos.

De entre los numerosos modelos que podemos encontrar en una tienda especializada, destacaremos los siguientes péndulos y sus principales propiedades de uso, si bien, como ya hemos comentado anteriormente, debe ser el radiestesista quien efectúe la determinación final del uso de su péndulo. A grandes rasgos, esta es la tipología de los péndulos:

◆ **Péndulo bellota:** Es uno de los más utilizados y se caracteriza por adoptar la forma de dicho fruto. Su punta, ligeramente puntiaguda, resultará de gran efectividad para el trazo de caminos.

◆ **Péndulo testigo:** es muy parecido al péndulo tradicional o plomada, pero tiene una cavidad en su interior que nos permite introducir aquello que buscamos, preferentemente líquidos o materia orgánica.

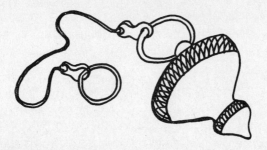

**Péndulo tipo Bellota.** Recibe este nombre por tener cierta similitud con el fruto de la encina, aunque el roble, árbol sagrado por excelencia, ofrece un fruto muy similar. Este tipo de péndulo es muy efectivo cuando se trabaja en plena naturaleza ya que tiene la propiedad de marcar muy bien los caminos y senderos.

**Péndulo de cuarzo.** Permiten trabajar en armonía directa con la madre naturaleza. Los cuarzos son minerales cristalizados que tienen la propiedad de conducir muy bien las energías y vibraciones. Con un péndulo de cuarzo podemos realizar interesantes pesquisas en la canalización de la energía humana y en los diagnósticos de radiestesia médica.

**Péndulo bala.** En este caso se trata también de un péndulo testigo ya que en su interior es hueco y permite guarda una muestra de aquello que se está buscando.

- **Péndulo esférico:** lo podemos encontrar en madera, metal o cristal. Los más recomendables son los de cristal de cuarzo. Estos péndulos son ideales para captar energías negativas, vibraciones inarmónicas y dolencias o enfermedades. Es uno de los modelos de péndulos más utilizados en la radiestesia médica.

- **Péndulo visor:** es cilíndrico, con punta en forma cónica y se caracteriza por tener el cuerpo trasparente. Habitualmente, este tipo de péndulo es de la categoría «testigo», de esta manera el operador puede introducir en él elementos como arena, gemas, mercurio o aquello que desee encontrar.

- **Péndulo cónico:** como su nombre indica, es de forma cónica y resulta ideal para trabajar sobre mapas y tableros de consulta.

## *Hacia el péndulo personalizado*

Todos los péndulos mencionados son de carácter estándar y en algunas ocasiones merecerá la pena que personalicemos el elemento de trabajo. Tanto si se trata de buscar a personas desaparecidas, cadáveres como seres con los que poseamos algún tipo de vinculación especial, siempre será mejor que desestimemos la estandarización y fabriquemos nuestro propio péndulo. Para ello serán de gran ayuda los péndulos armonizados con los cuatro elementos.

Para entender mejor ese proceso, debemos saber qué representa de manera arquetípica cada elemento, ya que no será lo mismo trabajar en armonía con el fuego que hacerlo con el agua, el aire o la tierra. Cada uno de los elementos posee una singularidad que lo configura como único. Cada elemento reúne unas condiciones, tanto físicas como mentales, que se vinculan con nuestro organismo y con los estados de concentración.

## *Péndulo del elemento agua*

Este instrumento estará asociado a la naturaleza femenina. Se corresponde con las emociones y con la capacidad de adaptabilidad y metamorfosis que todos tenemos en el interior. Los péndulos de elemento agua se emplearán básicamente para cuestiones de carácter y conductas emocionales, para descubrir qué actitudes debe cambiar la persona y para saber hacia dónde debe encauzar sus pasos desde un punto de vista sentimental y emocional. Este tipo de péndulo sería el indicado para responder a cuestiones como las siguientes:

◆ La localización de lugares más apropiados para que fluyan nuestros sentimientos.

- El hallazgo de personas con las que haya vínculos afectivos.
- Descubrir qué facetas de nuestro comportamiento emocional debemos revisar y modificar.
- Conocer posibles caracterologías de personas con las que estamos poco familiarizados o que nos acaban de presentar.

Si deseamos construir este péndulo, nos desplazaremos a un río o playa en el que podamos encontrar cantos rodados o pequeños guijarros. Estos elementos serán la carga de nuestro péndulo. Como cadena utilizaremos aquella que sea de un metal no noble y de color plateado, pudiendo recurrir a cualquier tipo de aleación o chapado. También podemos utilizar, si así lo preferimos, una cuerda de seda.

## Péndulo del elemento fuego

Es de naturaleza masculina y tendrá relación con la sexualidad, lo material y lo económico. Recurriremos al uso de este péndulo para:

- precisar el sexo de un bebé;
- descubrir en casas o edificios las zonas conflictivas que pueden provocar agresividad;
- encontrar personas de naturaleza agresiva como pueden ser terroristas, ladrones, asesinos, etc.;
- descubrir qué tipo de alimento no nos sentará bien;
- diagnosticar dolencias físicas dolorosas.

Si precisamos elaborar este péndulo debemos recurrir a una piedra volcánica que, dada su liviandad, deberá ser de un tamaño considerable. En su defecto, podemos confeccionar nosotros mismos el péndulo trabajando una bola de arcilla en cuyo interior colocaremos un topacio. Cubriremos el topacio con la arcilla y lo coceremos en un horno.

Por lo que se refiere a la cadena, debería ser de oro amarillo o, en caso de que deseemos una textil, podremos utilizar una cuerda de lana.

## Péndulo del elemento aire

De naturaleza femenina con rasgos masculinos, está asociado a las emociones de la acción, la capacidad de proyección, los proyectos intelectuales y laborales y el mundo onírico o de los sueños. Utilizaremos este tipo de péndulo para:

- localizar las zonas más adecuadas para el descanso, mostrándonos, además, en qué dirección debemos orientar la cama;
- percibir traiciones, conjuras y venganzas;
- obtener respuestas del inconsciente;
- orientar los proyectos de toda índole, siempre y cuando éstos estén vinculados a cuestiones no afectivas;
- señalar en qué dirección tienen que encaminarse los estudios o cuáles son los más recomendables para una persona;
- trazar sobre un mapa las zonas más adecuadas para un desplazamiento, tanto de índole laboral como vacacional.

En la confección de este péndulo, que debe ser de forma cilíndrica, trabajaremos la arcilla y depositaremos en su interior plumas de ave que no sea de corral. Como en el caso del péndulo anterior, procederemos a cocer el que nos ocupa en el horno. Utilizaremos como tirante de este péndulo una cadena plateada, no necesariamente de un metal noble. También podemos utilizar una cuerda de algodón.

## *Péndulo del elemento tierra*

De naturaleza masculina con elementos femeninos. Está asociado a los proyectos de índole material, tiene relación con el hogar, las posesiones, el dinero, las enfermedades hereditarias y la alimentación. Utilizaremos este péndulo para:

- determinar la decoración de la vivienda o lugar de trabajo;
- escoger mascotas o animales de compañía y seleccionar plantas;.
- hallar las líneas telúricas de la casa;
- trabajar en bosques, praderas o al aire libre;
- comprobar la evolución de dolencias hereditarias;
- saber qué comida necesitamos ingerir;
- conocer la rentabilidad de un proyecto o inversión;
- cualquier tema que tenga que ver con las herencias o la economía en general.

En la construcción del péndulo utilizaremos una pequeña piedra de bosque y emplearemos como tirante una cadena de metal noble, preferentemente plateado como puede ser el oro blanco, la plata o el platino. En el caso de que nuestras preferencias se decanten por los tejidos naturales, utilizaremos como cadena una cuerda de esparto o pita.

Muchas personas prefieren construir sus propios péndulos antes que adquirir otros ya fabricados. Lo cierto es que la energía que poseen los personalizados parece estar en mejor sintonía con el operador o radiestesista. Si no deseamos recurrir a objetos de fabricación en serie para la confección del péndulo personalizado, podremos emplear para su construcción piedras, gemas y otros elementos de la naturaleza.

**Péndulo reloj.** La personalización de los péndulos puede pasar por el uso de elementos cotidianos o comunes. Éste es un reloj de bolsillo que puede ser empleado como péndulo siempre y cuando posea un peso que no sea excesivo y una longitud de cadena adecuada.

## *Cómo sostener el péndulo*

Partiendo de la base de que el péndulo reacciona a leves impulsos de nuestro cuerpo, debemos procurar que la forma de sostenerlo le permita efectuar las oscilaciones necesarias sin realizar grandes esfuerzos. Evidentemente cada persona acabará por adoptar un sistema propio para sostener su péndulo pero, por norma general, al menos al principio, procuraremos tomarlo con gran delicadeza sosteniendo su cadena o cordel con los dedos índice y pulgar de nuestra mano dominante. Otro aspecto a considerar es que también podemos sostener el péndulo replegando los cuatro dedos principales, es decir, del índice al meñique, pasando por encima de ellos la cadenita que aguantaremos presionando ligeramente el pulgar sobre la segunda falange del índice.

En algunos casos, puede que lleguemos a desarrollar péndulos con mango y de hecho no debe sorprendernos encontrar alguno en el mercado. El péndulo con mango es un péndulo como los demás, pero incorpora en el extremo de su cadenilla un asa por la que se introducen los dedos que van del índice al anular.

Otra modalidad para sostener el péndulo consiste en atarlo a un anillo que, por lo general, se encontrará en el dedo corazón. El hecho de que el anillo esté en el dedo corazón se debe a que el péndulo colgará de la zona central de la mano. Este sistema requiere un poco de habilidad ya que para trabajar con él debemos hacerlo alargando el brazo y orientando la palma de la mano hacia abajo, en sentido paralelo al suelo. Por tanto, resultará complicado para trabajar sobre pequeñas superficies como por ejemplo una mesa.

## *Posición del cuerpo*

Si la forma en que cogemos el péndulo es relevante, la manera en que disponemos nuestros brazos y arqueamos el cuerpo no lo es menos. Considerando que el péndulo se mueve por una ligera oscilación provocada por nuestro organismo, no debemos desvirtuar dicha oscilación con una mala postura o inadecuada posición de los brazos.

Distinguiremos las formas en que debemos trabajar con el péndulo dependiendo de que estemos de pie o sentados. En pie, el brazo deberá estar ligeramente estirado, nunca del todo, para que pueda formar el ángulo adecuado de cara a efectuar la prospección.

Cuando trabajemos sentados, formaremos una «uve» con el brazo. Apoyaremos el codo sobre la superficie de trabajo e inclinaremos ligeramente hacia abajo toda la mano. Es importante que haya unos centímetros de distancia entre el final del péndulo y la superficie de trabajo.

La postura adecuada y correcta del cuerpo cuando estemos trabajando en pie debe ser recta y con las piernas ligeramente separadas. Por otra parte, cuando trabajemos sentados mantendremos con nuestras piernas un ángulo recto y evitaremos arquear la espalda manteniéndola lo más recta posible.

Realizadas estas indicaciones, sugiero al lector que realice unos ejercicios de entrenamiento a fin de familiarizarse con su péndulo. Se trata únicamente de adoptar las diferentes posturas referidas y comprobar cuál de ellas nos resulta más cómoda e incluso llegar a desarrollar una propia.

## *¿Cómo se manifiesta el péndulo?*

Sin tener en consideración aquellos ejercicios en los que el objetivo es que el péndulo efectúe una serie de movimientos muy concretos, es conveniente observar cómo se mueve dicho instrumento para así poder mantener una mejor comunicación con él.

Por lo general en cuanto tengamos el péndulo en la mano no percibiremos nada. Después, si nos fijamos un poco, veremos que oscila y puede que hasta se balancee ligeramente. Todos estos movimientos forman parte de la normalidad, pero tenemos que «adiestrar» los movimientos del péndulo. Ello nos servirá para crear un código de interpretación.

No hay una forma concreta de codificar de forma estandarizada los movimientos del péndulo. De esta forma, mientras que para unas personas el giro hacia la derecha manifiesta una afirmación, otras prefieren interpretar todo lo contrario. A grandes rasgos y a modo orientativo, éstas son algunas claves que hay que tener en cuenta:

- Si el péndulo oscila hacia delante, indicará un sí a nuestras preguntas y, por tanto, una positividad. Nos estará marcando que estamos orientados en la dirección acertada.
- Si el péndulo oscila hacia atrás manifestará todo lo contrario que en el punto anterior. Ahora bien, debemos fijarnos muy bien en este sentido de la oscilación y no confundirlo con el retroceso propio del movimiento que indica «sí».
- Cuando el péndulo efectúa movimientos de izquierda a derecha, podemos interpretarlos como que no hay respuesta.
- Cuando el péndulo gira en el sentido de las agujas del reloj, manifestará una afirmación. Cuando el giro sea a la inversa del reloj, marcará una negación.

Por supuesto, a todos estos movimientos debemos añadirle los propios del péndulo cuando trata de indicarnos una dirección. De esta forma, si le pedimos que se manifieste en dirección al punto cardinal en que deben seguir nuestros pasos, los movimientos no pueden ser considerados del tipo respuesta.

A fin de «jugar» un poco con el péndulo sugerimos que el lector tome uno entre sus manos y realice un sencillo experimento de observación de movimientos. Comenzaremos por colocar el codo sobre una mesa y sostener un péndulo en una de las dos manos. A partir del momento en que el péndulo se inmovilice, debemos indicarle que oscile en una dirección concreta, por ejemplo de izquierda a derecha. A medida que el péndulo comience a moverse debemos seguirlo con la mirada en su recorrido, ya que eso hará que se mueva aún con más fuerza.

En cuanto hayamos logrado un movimiento de éxito, esperaremos que el péndulo detenga su recorrido y nuevamente le solicitaremos otra evolución, en este caso en círculo. Al poco tiempo veremos que se empieza a mover otra vez.

Estas prácticas pueden variarse tantas veces como queramos, haciendo que el péndulo recorra varias direcciones. De esta forma, además de familiarizarnos, obtendremos más confianza en nuestras capacidades para sentir la energía y seguirla con una herramienta que, recordemos, debe ser la prolongación de nuestros brazos.

## *Péndulo versus varilla*

¿Qué elemento debo escoger para ser un buen radiestesista? Como se suele decir, ésta es la pregunta del millón. En honor a la verdad debemos afirmar que ambos son buenos y hasta complementarios. Sin embargo, cada uno posee matices de uso que debemos conocer. Por lo que se refiere al péndulo, éstas son sus ventajas con respecto a la varilla:

- ◆ Para sostener el péndulo sólo precisaremos de una mano, por lo que en la otra podremos situar elementos complementarios que nos ayuden en la búsqueda. Por el contrario, la varilla nos exigirá siempre el uso de ambas manos.
- ◆ El péndulo se convierte en una herramienta de precisión cuando trabajamos con él sobre un mapa, es decir, es de reducidos espacios. Por el contrario la varita requiere un uso en superficies mucho más amplias.
- ◆ Con el péndulo, al margen de poder trabajar bastante bien la telerradiestesia, podremos practicar la radiestesia médica. Siempre será más fácil desplazar un péndulo que una varilla sobre el cuerpo de un enfermo.
- ◆ El péndulo nos permite trabajar durante mucho más tiempo que la varilla. Al no exigirnos posturas complejas ni estar en pie como sucede con la varilla, nos evitará el cansancio.

◆ Finalmente, al margen de indicar que el péndulo es mucho más fácil y cómodo de transportar que una varilla, cabe decir que los resultados son mucho más notables y rápidos con el primero que con la segunda.

Como verá el lector a partir del capítulo siguiente, cuando nos centremos en el uso de la varilla ésta también tiene sus ventajas sobre el péndulo, pero la verdad es que, romanticismo al margen, las varillas parecen estar en franca minoría con respecto al péndulo.

Si se me permite la subjetividad, personalmente considero que todos los elementos deben usarse de forma paralela, cada uno en su especialidad. No obstante, para aquellas personas que tienden a desanimarse con facilidad, recomiendo el uso del péndulo, que les dará inmediatos resultados. Después podrán pasar a la varilla. Aunque la verdad es que el mejor sistema de todos es emplear nuestras propias manos. Como veremos, pueden ser las mejores herramientas y las más fáciles de usar.

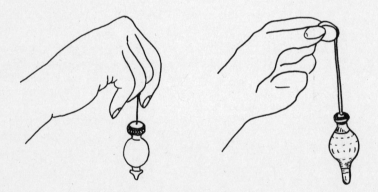

**Formas de sostener un péndulo.** Éstas son dos de las formas más correctas de sostener un péndulo, si bien, la reflejada en la imagen de la derecha parece ser la más cómoda.

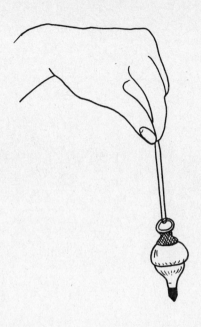

**Forma incorrecta de sostener el péndulo.** La postura que adoptemos cuando aguantemos el péndulo, puede afectar a la obtención de los resultados. En el caso de la imagen superior, vemos que si bien la posición de los dedos al sostener la cadenilla parece correcta, dada la inclinación de la mano, no lo es. Si mantuviéramos varios minutos la posición reflejada en la ilustración, el cansancio haría mella en nuestra extremidad, con el riesgo de producir movimientos confusos en la prospección. La postura de la mano al sostener el péndulo debe ser plácida y relajada, jamás forzada.

## Las varillas de radiestesia

*«La varilla es al hombre lo que el pecado al creyente: una forma de comulgar con aquello que está prohibido, se aparta de la verdad y es pernicioso tanto para el alma como para el espíritu. En sí, el uso de varillas no es más que mera superchería que incita a penetrar en mundos poco recomendables.»*

Abad P. Herdet

Al margen de las apreciaciones del abad, la varilla, junto con el péndulo, es el mejor elemento con el que podemos contar para realizar nuestras prospecciones. Recordemos que al principio de los tiempos no existían péndulos y la varilla era el único instrumento capaz de emitir oscilaciones en la búsqueda de las corrientes telúricas u objetos que ansiaba encontrar el zahorí.

En la actualidad podemos encontrar en tiendas especializadas diversos tipos de varillas. Las más comunes son aquellas que tienen forma de letra «L». Sin embargo, siempre es más recomendable para que su función resulte más efectica que sea el practicante quien construya y prepare su propia varita, recurriendo para ello a la rama de un árbol.

En el pasado, las varillas de adivinación zahorí nacían de los árboles. Ellos utilizaban las ramas bifurcadas o en forma de letra «V». Según la tradición, sólo algunos árboles estaban «preparados» para nutrir con sus pequeñas ramas el conocimiento de los zahoríes. Los árboles preferidos eran avellano, el cerezo y el espino, entre otros. Con respecto al espino, conviene indicar que si bien no es un árbol, ya que se trata de un arbusto, sus ramas, como las de la zarzamora, convenientemente pulimentadas, son de gran utilidad para la captación energética.

El motivo de utilizar los árboles anteriormente citados era la firme creencia de que sus maderas poseían una vibración especial que era capaz de sintonizar a la perfección con los espíritus de la tierra. Siendo algo menos mágicas, diremos que estas ramas poseen una flexibilidad y una simetría que resultan perfectas como una extensión natural de los brazos del zahorí que es, en definitiva, lo que pretenden ser.

La tradición ha marcado desde siempre que la vara tuviera forma de letra «V», de esta manera el zahorí cogía su varilla o vara flexible por las extremidades y el punto de unión de las dos ramas le servía como indicador para apuntar hacia el lugar en el que se encontraban las aguas subterráneas o el objeto buscado. Claro que también es factible que la vara posea una cierta similitud con la letra «W» e incluso con la «J». En el caso concreto de la varilla en forma de «J», su curvatura era utilizada a modo de mango, mientras que la parte erecta se empleaba como señalizador.

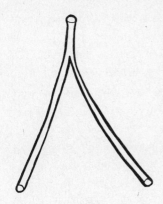

**Péndulo varilla.**
Las varillas de zahorí han evolucionado bastante desde sus inicios como herramientas radiestésicas. Pese a todo, las obtenidas a partir de una rama de árbol siguen siendo las más populares y fáciles de construir.
En la imagen, dibujo de una clásica varilla de zahorí.

## Aprendiendo a construir varillas

Ya hemos comentado que podemos adquirir una varilla radiestésica en una tienda especializada, pero no estará de más que recurramos a la madre naturaleza o, si somos amantes del arte del bricolaje, la construyamos nosotros mismos con un poco de habilidad y paciencia.

Para construir la varilla de una forma, digamos, artificial, precisaremos de dos listones de madera convenientemente curvados. Su curvatura no debería exceder de cuarenta y cinco grados. Podemos dirigirnos a una ebanistería o carpintería y solicitar dos maderas nobles que posean estas características. Uniremos estos dos trozos de madera con un fino hilo de cobre o, en su defecto, con un alambre, de forma que la parte curvada de ambas maderas quede orientada de manera opuesta, es decir, formando la letra «V». Si lo deseamos, podemos aprovechar el hilo de cobre o alambre para que forme una pequeña púa en la unión de las dos maderas. Dicha púa servirá para captar aún mejor la energía del lugar en que nos encontremos.

En el caso de querer construir una varilla totalmente natural, iremos a un bosque, buscaremos un árbol adecuado que nos nutra con una de sus ramillas para confeccionar la herramienta que precisamos. Procederemos de la siguiente manera:

1. Saldremos al campo con actitud relajada y receptiva. En nuestro paseo, de momento, nos limitaremos a observar el entorno, fijándonos en los árboles cuyas ramas se ahorquillen en forma de la letra «Y».
2. Nos detendremos en aquellos árboles que tengan las ramas frescas y verdes, ya que éstas son las más maleables y adaptables a nuestros objetivos.
3. Fijaremos la atención en las ramas que crecen con la forma ya mencionada, y se prolongan hasta unos veinticinco o treinta centímetros. No importa que tengan hojas o espinas, éstas serán eliminadas posteriormente.
4. Quien desee seguir la tradición de respeto por la naturaleza, debe saber que va a cortar una parte viva de un ser que también está vivo. Por tanto, no estaría de más que armonizase su energía con la del árbol. Una buena forma de hacerlo sería establecer, si es posible, una conexión mental antes de realizar la actividad.
5. Una vez hayamos cortado la ramita, volveremos a comprobar su flexibilidad y, con ella ya en nuestras manos, realizaremos la primera práctica indispensable que debe llevar a cabo todo zahorí: eliminar los restos de corteza, quitar las hojas y tomar conciencia, mientras ejecutamos esta acción, de que nuestra energía y la de la varita se van fusionando poco a poco. Por supuesto, en este último paso será cuando ajustaremos la longitud final de la varilla, recortando el punto de unión de sus ramas para que en lugar de ser una «Y», forme la figura de una «V».

## *Primeros pasos en el manejo de la varilla*

La varilla debe tomarse con seguridad y con ambas manos. No importa si las tenemos orientadas con la palma hacia arriba o hacia abajo, lo importante es que notemos ese elemento como algo vivo en el interior de nuestra mano. Los brazos deben estar en posición horizontal, ligeramente orientados hacia delante, como si tuviéramos que sostener con ellos el manillar de una bicicleta. En lo que se refiere a la espalda, la mantendremos recta, al igual que piernas y pies. La mirada deberá estar fija en el horizonte, procurando que el camino y sus obstáculos no provoquen alteraciones que acaben por hacernos mover la vara de forma involuntaria.

Cuando la varilla se coge con fuerza, pero no tanta como para evitar su movilidad, percibiremos que oscila apuntando en diferentes direcciones del camino. Ésta es su forma de manifestar la captación de la energía.

Un ejercicio para practicar con la varilla será buscar una tubería. Comenzaremos por relajarnos cerrando los ojos y respirando profundamente durante unos segundos. Una vez transcurrido ese tiempo, alzaremos ligeramente los brazos y mantendremos la varilla en posición horizontal. Mentalmente le indicaremos que se mantenga horizontal y que no oscile hasta que lleguemos al punto en el que se encuentra la tubería. Paralelamente pensaremos en que, cuando lleguemos a la zona donde se encuentra la citada tubería, la varilla oscilará.

Seguiremos las indicaciones expresadas en el párrafo anterior, en el interior de nuestra casa o en campo abierto, es decir, en una zona en la que sepamos que hay tuberías subterráneas. Debemos caminar poco a poco, sin prisa y sin expectativa. Sólo debemos preocuparnos por ocupar nuestra mente sabiendo que, cuando pasemos cerca de la tubería, la varita oscilará.

En el caso de tener la certeza de la existencia de una tubería y no percibir oscilación alguna, no debemos preocuparnos. La práctica hará que con el tiempo la varilla oscile al acercarse a nuestros objetivos.

## *Así se manifiesta la varilla*

A diferencia de los péndulos, las varillas siempre suelen tener una única forma de manifestación: en sentido vertical. El lector que haya desarrollado el ejercicio anterior de captación de una tubería habrá notado que cuando se acercaba al objetivo la varita parecía temblar y que al poco, cuando ya estaba prácticamente sobre su meta, se habrá inclinado casi totalmente en sentido vertical. Éstos son los movimientos básicos de la varilla, no obstante debemos estar preparados para contemplar otras modalidades.

◆ La varilla permanece horizontal pero tiembla, como si una fuerza la mantuviese horizontal a la fuerza. Un campo de fuerza está cerca, influye a la varilla pero quizá el operador está mal orientado.
◆ En lugar de efectuar un movimiento descendente la varilla realiza uno ascendente con fuerza: la corriente de energía provoca un efecto de dispersión y empuje hacia arriba. Puede que en ese lugar no se encuentre lo que se está buscando, pero es posible que haya «algo» que merece la pena observar por la fuerza energética que desprende.
◆ La varilla parece «tirar» hacia una dirección (izquierda o derecha), pero no puede moverse por la fuerza de sujeción que hacemos sobre ella: tal vez nos está indicando un cambio de dirección en uno u otro sentido.
◆ La varilla cae como absorbida por el suelo y se inclina hacia abajo: el objetivo está al alcance.

◆ La varilla cae como absorbida y, de nuevo, rápidamente vuelve a su posición horizontal: hemos pasado de largo del objetivo o nos hemos despistado de nuestra concentración.

## *Varilla versus péndulo*

Si bien algunas experimentaciones requieren del uso del péndulo y la varilla de forma complementaria, siempre es preciso decantarse por uno de los dos. Veremos seguidamente cuáles son las ventajas de la varilla frente al péndulo.

◆ La vara es ideal para realizar trabajos sobre grandes espacios, ya que nos permite seguir captando energías al tiempo que caminamos, por el contrario el péndulo precisa de inmovilidad.
◆ La vara es más precisa que el viento y mucho más estable cuando trabajamos al aire libre, ya que los factores ambientales como el viento le afectan mucho menos puesto que no desviarán su trayectoria.
◆ La varilla efectúa movimientos más genéricos pero mucho más notables que el péndulo.
◆ Es bastante más fácil construir una varilla que un péndulo.

Ya hemos tenido la oportunidad de comprobar que, en apariencia, las varillas nos ofrecen menos posibilidades que el péndulo en cuanto a uso. Sin embargo, y aunque en muchos de los experimentos podemos prescindir de ellas, recomiendo efusivamente su uso. Debemos conocer las energías, trabajar con ellas y captarlas de todas las formas que nos resulten posibles.

# *Utilizando manos y brazos como péndulos*

*«El hombre se ha hecho hombre por el uso que le ha dado a sus manos; las manos son un arma sin igual en el profundo mundo de las sutiles energías. Los brazos simplemente actúan como su prolongación.»*

Oswald Spilberg

La gran mayoría de radiestesistas y expertos en temáticas energéticas coinciden en afirmar que ni el péndulo ni la varilla hacen al radiestesista. Son, pues, la sensibilidad y disposición los elementos que unidos a los ya mencionados nos permitirán llevar adelante con éxito nuestras prácticas. En este sentido, las manos representan un papel primordial, no por el hecho de ser un elemento práctico, ya que nuestra habilidad motriz poco influirá en el campo de la radiestesia, sino porque con ellas trabajaremos el siempre apasionante mundo de las energías.

Si el planeta Tierra es un ser vivo y genera vibración, si los animales y plantas con los que compartimos nuestro espacio ejercen un influjo en el ambiente y si nosotros, como humanos, hacemos lo propio, está claro que esas energías pueden ser captadas también de forma animal, mediante nuestro propio cuerpo y sin la utilización de péndulos o varillas.

Tenemos que remontarnos al siglo XVIII para conocer a F. Mesmer, padre de la teoría del magnetismo animal, también conocida como fluido animal. Mesmer nació en Austria el 23 de mayo de 1733, y falleció el 5 de marzo de 1815. Como médico, fue el creador del sistema psicoterapéutico denominado «mesmerismo». Este investigador, heredó de Paracelso (médico, filósofo y alquimista, 1493-1541) la creencia de la influencia de los astros sobre la salud humana. Según su teoría, esta influencia se producía mediante un fluido, magnético e invisible, conocido como «magnetismo animal». Partiendo de esta premisa, Mesmer investigará durante toda su vida la influencia que ejerce aquello que es invisible sobre el cuerpo humano, viendo de qué manera le afecta no sólo en la salud, sino también en su vida cotidiana.

Intentando captar el fluido invisible, Mesmer aplicaba sus manos, en ocasiones sobre el cuerpo de sus pacientes y a veces a una cierta distancia, para percibir así las alteraciones del campo energético y lograr su curación. Tras obtener los primeros éxitos, se le comenzó a considerar un charlatán, un taumaturgo, y esta controversia creció todavía más cuando se negó a relatar, de forma detallada, su sistema terapéutico. Mesmer tenía su patio de operaciones en el hotel Bullon. Instalada en una habitación de este hotel, disponía de una cuba curativa en la que sumergía a sus pacientes para someterlos a una serie de pases magnéticos con sus manos, captando así su energía perniciosa y concentrándose en proyectar sobre ellos la vibración necesaria para que superasen sus enfermedades.

La famosa cuba magnética de Mesmer atrajo con gran entusiasmo a todo tipo de personas, hasta el punto de que atendía de veinte en veinte. No faltaban en estas sesiones numerosos patrocinadores y mecenas que apoyaban al médico a nivel económico. Con el tiempo, sus detractores fueron mayores que los benefactores, y tras multitud de controversias y juicios de valor en contra de las curas mesméricas, Frédéric Antoine Mesmer acabó por exiliarse y alejarse de la práctica pública y activa.

El trabajo que desarrolló Mesmer sirvió para el nacimiento de numerosas terapias de las denominadas «energéticas», que siguen practicándose en la actualidad. Hoy en día, el moderno magnetismo persigue no sólo la curación, sino también la captación de todo tipo de energías relacionadas o no con la salud.

Los expertos en magnetismo, que acostumbran a trabajar sin soporte, es decir, sin péndulos ni varillas, al igual que los radiestesistas perciben los fluidos de las corrientes de aguas subterráneas, captan alteraciones en el ambiente de las casas y son capaces de diagnosticar dolencias.

Si bien no podemos entrar de lleno en el mesmerismo, ya que esto supondría apartarnos de los objetivos de este libro, abundaremos brevemente en algunas técnicas y ejercicios que nos permitirán desarrollar nuestra sensibilidad y quizá llegar a trabajar, incluso, sin péndulos ni varillas.

## *Descubriendo nuestra energía personal*

Para estar en condiciones de captar la vibración de una forma adecuada, comenzaremos por acostumbrarnos a sentir lo que somos y a familiarizarnos con lo que, a partir de ahora, serán nuestros instrumentos sensibles: las manos. Para ello, vamos a desarrollar una serie de prácticas muy interesantes que servirán de entrenamiento para cuando debamos buscar a personas o efectuar cualquier tipo de prospección.

Uno de los grandes errores que acostumbramos a cometer es no prestar atención a lo que tocamos. Muchas veces, el sentido de la vista prevalece sobre el del tacto a la hora de tomar un objeto en nuestras manos. Por ello, sugerimos al lector que a partir de este momento cada vez que toque lo haga tomando conciencia de aquello que entra en contacto con su piel. De esta forma, si tomamos un bolígrafo de plástico y de color azul con la mano izquierda, en lugar de utilizar la mente lógica y matemática y limitar dicho objeto al uso de la escritura o admirar la belleza de su color, procuraremos sentirlo.

Cada vez que tomemos un objeto entre nuestras manos, debemos percibir su textura, su forma, los relieves que presenta y, por supuesto, la densidad que nos ofrece. Todo ello será de gran ayuda para sensibilizarnos. Proponemos una prueba inicial: sitúe encima de una mesa un estropajo, un pañuelo de seda, una llave metálica, un vaso con agua y una vela encendida. Coloque todos los objetos de izquierda a derecha, separando cada uno de ellos unos diez centímetros. Salvo en el caso de la vela, coja cada objeto con cada una de sus manos, primero con una y luego con otra y pálpelo a conciencia. En el caso del fuego que desprende la vela, acerque a una distancia prudencial cada una de sus manos y sienta el calor.

El ejercicio anterior puede efectuarse también con los ojos cerrados, ya que de esta manera el sentido de la visión ejercerá una menor influencia sobre el resultado del experimento. Posiblemente, en una primera instancia, no perciba nada especial, pero poco a poco notaremos que cada elemento traduce una energía diferente y única.

Procederemos a continuación con una selección de ejercicios de sensibilización de las manos, centrándonos en la palma y en la yema de los dedos. Para estos experimentos sugerimos que el operador trabaje en una habitación en la que goce de intimidad y que ambiente de la forma más grata que le sea posible regulando el tono de luz, perfumándola con algún que otro incienso y sonorizándola con melodías musicales a su gusto. Lo importante, por encima de todo, es la comodidad.

## *Una mano toca a la otra*

A través de este ejercicio, vamos a centrar la atención en nuestra sensibilidad manual para descubrir el tacto y la energía que nos rodea. Procederemos de la siguiente forma:

1. Nos sentaremos cómodamente, cerraremos los ojos y nos centraremos en escuchar y sentir nuestra propia respiración. El aire debe entrar y salir con suavidad y será necesario que a medida que lo vamos captando nos imaginemos que se concentra en el interior del plexo solar, justo en el centro del pecho.
2. Transcurridos unos minutos de relajación, centraremos toda la atención en la mano izquierda, de forma que podamos sentir que toda nuestra energía se condensa en ella.
3. Por lo que se refiere a la mano derecha, la dejaremos plácida y relajada. A medida que pasan los minutos, debemos percibir un cierto hormigueo en la mano izquierda, cosa que probará la captación energética.
4. Con los ojos totalmente cerrados, procederemos a acariciar nuestra mano derecha con la izquierda. Debemos acariciar toda la superficie de la mano, en especial las sensibles zonas de la palma y de las yemas de los dedos.

5. Pasados unos minutos, nos preguntaremos: «¿Quién acaricia a quién?», «¿Qué mano acaricia a la otra?».
6. Tras haber realizado los procesos anteriores, efectuaremos lo mismo invirtiendo las manos, es decir, concentrando la energía en la derecha y acariciando la izquierda. Por supuesto formularemos la misma pregunta.

Al principio es normal que nos cueste comprender que una mano puede estar acariciando a la otra, porque ambas poseen tacto y energía, pero este juego inocente persigue que no nos condicionemos por lo evidente y juguemos un poco con la imaginación. Cuando hayamos practicado durante algunos minutos este ejercicio, procederemos de la siguiente forma:

1. Colocaremos las manos con las dos palmas situadas frente a frente, y separadas un mínimo de cincuenta centímetros.
2. Nos concentraremos en la generación de energía en ambas manos, sintiendo como se produce un hormigueo e incluso puede darse la posibilidad de que haya un cambio de temperatura.
3. Poco a poco iremos acercando las dos palmas entre sí, efectuando un movimiento muy lento. A medida que aproximamos las manos, notaremos que algo extraño se produce entre ellas. Quizá percibamos calor, frío, cosquilleo, etc. Es la energía que se manifiesta junto con nuestro magnetismo personal.

Mientras realizamos este ejercicio, debemos concentrarnos exclusivamente en los puntos que hemos ido refiriendo y actuando con la mínima expectativa posible. Por supuesto, sería recomendable que tras el ejercicio tomáramos nota de las sensaciones que hemos percibido y de las ideas que han venido a nuestra mente.

## *Atención a la palma: la espiral que crece*

El magnetismo y, por extensión, la captación radiestésica manual, requieren una gran sensibilidad y que estemos acostumbrados a notar la menor percepción de una corriente telúrica o energía. Para ello, lo que vamos a hacer es entrenarnos de una forma muy sencilla en la captación de energía.

1. Nos pondremos de pie, con los brazos en cruz y orientando las palmas de las manos hacia abajo. Las piernas tienen que estar ligeramente separadas, los pies rectos y los ojos deben permanecer cerrados.
2. Manteniendo los ojos cerrados, respiraremos profundamente diez veces, al tiempo que prestamos la máxima atención a las palmas de las manos.
3. Transcurridos un par de minutos, debemos concentrarnos en el centro de nuestras manos e imaginar que en ese punto nace una pequeña burbuja de luz.
4. Si bien podemos comenzar a imaginar la burbuja o esfera primero en una mano y luego en la otra, lo recomendable es que se haga en las dos a la vez.
5. Debemos sentir que la energía se convierte en esa pequeña esfera que va creciendo muy lentamente en la palma de nuestra mano. Cuando consideremos que está formada de manera conveniente, pasaremos a visualizar que la luz de la energía de la esfera se proyecta en línea recta hacia el suelo.
6. Resultaría ideal que fuéramos capaces de ver en nuestra propia mente la corriente de energía descendiendo hacia el suelo, pero de no ser así, al menos en los inicios, intentaremos sentir el vínculo de luz que une nuestras palmas al suelo que estamos pisando.

7. Manteniendo la concentración al máximo, abriremos los ojos y caminaremos unos metros sin variar la posición de nuestros brazos y continuando en la percepción de la energía.
8. Pasados unos minutos, estaremos en condiciones de sentarnos tranquilamente. Uniremos las palmas de las manos y observaremos cuáles son nuestras sensaciones.

Tras realizar de este ejercicio, el lector habrá comprobado que al moverse las sensaciones en la palma de sus manos serán diferentes. A medida que pase el tiempo y repitamos este ejercicio, resultará muy fácil generar las esferas de energía y, sin llegar a visualizarlas, estaremos en condiciones de sentir que una espiral surge de la palma de la mano captando la energía del lugar en el que estamos.

Una prueba de la efectividad de esta experiencia consistirá en situar sobre una mesa una pera, una manzana, un kiwi, un plátano y una naranja. Nos sentaremos tranquilamente, concentraremos la atención en la palma de la mano y la pasaremos a una distancia aproximada de entre veinte y veinticinco centímetros por encima de la fruta, intentando sentir la vibración que transmite cada una de ellas.

Al principio es normal que, tras las primeras experiencias, no percibamos diferencia energética entre un fruto y otro, pero poco a poco, sin saber qué fruta tenemos bajo las manos, comprobaremos que la captación o percepción de la misma varía de una a otra.

Podemos variar este ejercicio sustituyendo las frutas por pedazos de carne de diferentes animales o bien por varios tipos de verdura.

## *Sensibilización de las yemas de los dedos*

Éste es un ejercicio centrado en desarrollar la sensibilidad en la punta de los dedos. Para ello, vamos a trabajar con la ayuda del fuego.

Mediante esta práctica desarrollaremos la captación de la energía con solo tocar un objeto e incluso nos resultará muy fácil percibir aquello que no se ve con un solo dedo.

1. Pondremos sobre la superficie del suelo de nuestra habitación de trabajo dos velas separadas entre sí a un metro de distancia. Su color lo dejamos a la elección del lector. Las prenderemos y nos sentaremos frente a ellas a observarlas en actitud relajada. Pasados unos minutos, orientaremos nuestros dedos hacia la llama de las velas manteniendo una aproximación de aproximadamente cincuenta centímetros.
2. Cerraremos los ojos e intentaremos sentir, pese a la distancia, el calor de cada una de las llamas, haciendo un esfuerzo por absorber su temperatura con la yema de los dedos.
3. Cuando ya hayamos percibido la temperatura del fuego en los dedos, sin abandonar la relajación, apagaremos las velas y nos esforzaremos por sentir el resto de su emanación calorífica pese a que la combustión ya es inexistente.

Al margen de pretender sensibilizarnos, este ejercicio tiene por objeto acostumbrarnos a captar los cambios de temperatura en zonas vivas, es decir, recorridas por energía telúricas, pero también en las personas.

Para que podamos comprobar que el experimento realmente da resultado, solicitaremos la colaboración de un amigo. Le pediremos a esta persona que se desnude de cintura hacia arriba y al mismo tiempo que cerramos los ojos aproximaremos las yemas de los dedos a su cuerpo, e intentaremos captar las diferentes temperaturas que emana. Cabe recordar que no debemos tocar la piel de la otra persona, sino actuar siempre a un mínimo de entre uno y tres centímetros de distancia.

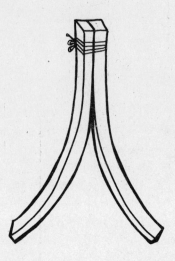

**Péndulo varilla.** Con un poco de paciencia y algo de maña, podemos encargar en una ebanistería o carpintería, una maderas que convenientemente talladas nos den como resultado una buena varilla de zahorí. Aunque los más puristas insisten en que las varillas de radiestesia deben ser elaboradas a partir de las ramas de los árboles, la varilla de la ilustración muestra que es posible otro tipo de variaciones.

# Profundizando en las técnicas

Si bien hasta ahora hemos tenido la oportunidad de efectuar unas sencillas e interesantes prácticas que nos pueden dar una somera idea de cómo funciona el péndulo o la varilla radiestésica e incluso nuestras manos en la captación de energías, será en esta primera parte cuando conoceremos en profundidad algunas de las técnicas básicas para poder trabajar correctamente. De la utilización adecuada de todas estas técnicas dependerá que cualquier operación resulte del todo efectiva

Veremos que la disposición del operador es muy importante para la práctica, ya que su estado anímico y físico influirá en los resultados. Si bien la mejor forma de relajarnos es mediante la respiración profunda, conoceremos otras técnicas ideales para cada ocasión. Por supuesto, no olvidaremos las técnicas de vaciado de la mente, ideales para que el subconsciente no nos engañe haciéndonos perder el camino hacia la meta propuesta.

## La disposición del operador

La persona que trabaja en la radiestesia se halla sometida a las mismas tensiones que el resto de los mortales, pero añadiendo la expectativa y la ilusión a su trabajo. La diferencia con otros trabajos es que nuestro pensamiento puede hacer que el péndulo se mueva en una u otra dirección, como ya hemos comentado. Por tanto, si la mente lógica pesa más que la espacial y nuestro ferviente deseo es que el péndulo realice una respuesta determinada, posiblemente será así y habremos actuado de forma errónea. Por eso es esencial la disposición del operador en este trabajo.

Quien trabaje con péndulos o varillas debe seguir unas normas de oro, entre las cuales están no dejarse llevar por ideas preconcebidas y no desistir jamás ante la falta de claridad en los resultados.

El desarrollo del trabajo radiestésico está sujeto a principios físicos y mentales. En los físicos destacarán el estado de salud general del radiestesista, mientras que en los mentales tendrán un gran peso los componentes emocionales.

## Cuándo no debemos practicar la radiestesia

1. Siempre que estemos padeciendo alguna enfermedad y nuestro sistema inmunológico no se encuentre en su estado normal.
2. Cuando estemos en un proceso de recuperación posterior a una in-tervención quirúrgica o enfermedad, ya que nuestro campo energético estará alterado o débil.
3. Cuando estemos sometidos a los influjos de las drogas, alcohol o fármacos.
4. Cuando no nos sintamos bien físicamente a cualquier nivel.
5. Cuando hayamos padecido un disgusto o revés emocional.

6. Cuando estemos pasando por un estado depresivo o de ansiedad.
7. Cuando emociones como el rencor, la rabia, la violencia o los deseos de venganza sean los dominantes en nuestra mente.
8. Cuando estemos afectados en primera persona por el objetivo de nuestra búsqueda o estemos ante un caso de vida o muerte que nos ataña directamente.

Si las condiciones físicas y emocionales como las mencionadas serán relevantes en la práctica de la radiestesia, otro tanto podemos decir de aquellas que generan positividad. El radiestesista debe mantener siempre un espíritu vivaz, puro y divertido que le permita avanzar con alegría en sus pasos, como si de un juego se tratase, ya que de esta forma se ha comprobado que las vibraciones fluyen mucho mejor.

La disposición del operador con respecto al trabajo que realizará debe ser abierta, creativa y dinámica. De esta forma, podrá evolucionar en la creación de sus sistemas de trabajo. Pero toda esta alegría no implicará la falta de voluntad, ni el rigor, ni tampoco la falta de autoridad en aquello que está haciendo.

Como veremos seguidamente, relajarnos y vaciar la mente, serán dos de las armas más importantes para confirmar la disposición que debemos tener al trabajar con los péndulos, pero a modo de resumen destacaremos, como normas fundamentales, las actitudes siguientes:

1. El radiestesista debe ser osado, innovador y creativo con sus métodos de trabajo, pero no tanto como para perder el sentido crítico de lo que realiza.
2. Debe actuar en todo momento con una profunda apertura de sus sentidos, teniendo la capacidad de discernir entre lo que es un puro espejismo y lo que es una señal real.
3. Debe incluir la positividad y fuerza de voluntad como armas vitales en sus prácticas, saber declinar a tiempo la realización

de una nueva pesquisa y aprender a cambiar de ruta o metodología cuando la que ejecuta parece no ser la correcta. El empecinamiento no es un buen aliado.

## *Aprendiendo a relajarnos*

La relajación no consiste en dormir. Muchas personas caen en el error de pensar que con las técnicas de relajación lo único que se puede lograr es un sueño placentero o evitar la tensión del momento. Una cosa es relajar nuestro organismo físico y otra bien distinta armonizar cuerpo y mente para que ambos actúen al unísono y de manera coordinada.

La relajación ayudará a equilibrar las energías de nuestro ser, nos permitirá centrar los objetivos de búsqueda. Al estar relajados, tendremos mejores condiciones de actuación, tanto a la hora de planificar las preguntas como en el momento de evaluar las respuestas.

En todos los ejercicios en los que intervenga la psique humana la relajación es imprescindible. Podemos relajarnos haciendo que nuestra mente divague por temas carentes de sentido mediante unos ejercicios respiratorios o siguiendo técnicas como la meditación, el yoga y también practicando ciertas posturas.

## *Relajación mediante la respiración*

Uno de los métodos más efectivos y rápidos para relajarnos es siguiendo unos ciclos respiratorios. Cada vez que el aire entra en nuestro cuerpo y prestamos atención a este hecho, estamos «desconectando» de la cotidianidad, oxigenándonos y al tiempo alcanzando un estado de integración con nuestro ser.

Existen diversos sistemas de relajación a través de la respiración. El más común de ellos consiste en realizar una serie de ciclos respiratorios que intercalan el ritmo lento con el rápido. Otro método se basará en hacer que el aire nos hinche como si fuéramos globos. Esto generará tensión, pero en el momento en que dejemos escapar todo ese aire, cuerpo y mente quedarán liberados. Finalmente destacaremos el método de respiración circular, en el que la persona renueva continuamente el aire y, al centrarse en este ciclo de continuidad, distensiona su cuerpo.

## *Sistema de respiración por ciclos*

1. Inspiraremos el aire a gran velocidad por la nariz y lo exhalaremos también de forma brusca por la boca. Efectuaremos este proceso un total de cinco veces.
2. La sexta vez que respiremos, lo haremos inhalando por la nariz y exhalando por la boca, pero haciendo que el aire llene al máximo los pulmones y liberándolo como si emitiéramos un leve soplido. Repetiremos esta operación otras cinco veces.

Si efectuamos de forma repetida el ciclo respiratorio al que nos hemos referido entre dos y cinco veces, lograremos una relajación rápida y efectiva al comenzar los ejercicios.

## *Respiración globo*

Como ya hemos comentado en el párrafo anterior, los ejercicios consistirán en inhalar el máximo de aire que pueda caber en nuestros pulmones. Para proceder debemos:

1. Inhalar el aire muy lentamente, llenando los pulmones hasta el límite de nuestro aguante.
2. Retendremos el aire durante unos segundos, y notaremos la presión que ejerce en nuestro interior.
3. Exhalaremos el contenido de nuestros pulmones por la boca de una sola vez, efectuando un gran soplido.

Debemos repetir el ciclo respiratorio anterior por lo menos tres veces. Su uso será muy adecuado para descargar tensiones y liberar nuestra energía, otorgándonos una gran placidez.

## *Respiración circular*

Este método de respiración, si bien es relajante, podemos considerarlo de mantenimiento y lo llevaremos a cabo cuando ya estemos un poco relajados. La respiración circular nos ayudará a mantener fija la atención en nuestras prácticas, especialmente cuando el desarrollo de las mismas pueda generar tensión.

La respiración circular es muy sencilla. Para desarrollarla basta con que inhalemos y exhalemos de forma continuada, sin parar y sin retener el aire en nuestro interior. En este método no existe el tiempo de «vaciado», es decir, aquel que se emplea en dejar libres de aire los pulmones de volver a inhalar.

Como hemos podido comprobar, la relajación por espiración es suma-mente fácil. No importará la postura ni la actividad que realicemos, pues siempre podremos inducirnos a este estado de placidez.

Centrándonos ya en la relajación física, aunque ésta la conseguiremos también mediante la respiración, veremos que para distensionar nuestro cuerpo de una forma rápida y efectiva, podemos seguir alguno de estos métodos.

1. Bostezar al tiempo que estiramos ambos brazos con profusión.
2. Distensionar mediante un estiramiento todo nuestro cuerpo mientras permanecemos en pie.
3. Sentarnos manteniendo las piernas en ángulo recto, los brazos pegados al cuerpo y sentir cómo, a medida que vamos respirando, se aflojan nuestros músculos desde la cabeza hasta los pies.

En el caso concreto de necesitar relajar una extremidad determinada, nos bastará con distensionarla dejándola inerte y agitándola al aire.

Sugiero al lector que antes de seguir adelante con nuevas prácticas profundice en los métodos respiratorios que hemos indicado y lleve a cabo unas cuantas sesiones de relajación. De esta forma se dará cuenta que, al tiempo que alcanza un notable bienestar físico y mental, vacía su mente de ideas y pensamientos, lo que ya le predispone para el punto que abordaremos seguidamente sobre las técnicas del vaciado de la mente, absolutamente necesarias en toda práctica radiestésica.

## *Técnicas de vaciado mental*

A pesar de que la radiestesia no puede ser considerada puramente como una técnica para el desarrollo psíquico, no deja de ser una forma de ejercitar nuestra mente. El cerebro del ser humano está dividido en dos hemisferios. El hemisferio izquierdo es el que podemos entender como «domesticado», ya que se encarga de la parte analítica, histórica y matemática de nuestra vida. Por tanto, es un hemisferio que realiza los procesos paso a paso, centrándose en lo que ya conoce. En cambio, el hemisferio derecho, que es el espacial, creativo e imaginativo, acostumbra a ser mucho más influenciable y difícil de dominar.

Por ejemplo, supongamos que deseamos aprender a tocar el piano. Con el hemisferio izquierdo aprenderemos la escala musical, la posición de las manos sobre las teclas y todas las técnicas necesarias para que el instrumento musical suene de forma adecuada. Pero será el hemisferio derecho el que nos dé la capacidad para discernir, para saber que aquello que interpretamos es bello, armónico, sugerente o, por el contrario, nos resulta inarmónico, desequilibrado y desagradable. Todas las valoraciones subjetivas tienen relación con el hemisferio derecho, mientras que todas las que son objetivas se corresponden con el izquierdo.

En la vida cotidiana trabajamos con ambos hemisferios, y en función del momento que vivimos, domina uno u otro. Así, mientras usted lee este libro, su hemisferio izquierdo reflexiona sobre conceptos y contenidos históricos de su memoria, mientras que el derecho visualiza e imagina, mediante imágenes mentales, cómo se podrían producir los ejercicios y prácticas que detallamos.

Cuando se realizan las técnicas de vaciado mental, lo que se persigue es que ambos hemisferios trabajen al unísono, aunque en un momento determinado deberemos anular el izquierdo o pragmático para potenciar el derecho o creativo.

Está comprobado que cada vez que deseamos entrar en una relajación, practicar una meditación o llevar a cabo un ejercicio de visualización, el cerebro nos «castiga» con un diálogo mental prácticamente interminable. Cuanto más queremos dejar nuestra mente libre de pensamientos, más vivencias y recuerdos aparecen. Cuanto más nos esforzamos por relajar un músculo o una zona del cuerpo, más atención prestamos sobre ella y mayor dolor o tensión produce. Por tanto, relajar una mano para que sostenga el péndulo o ambas para que aguanten una varilla no es pensar continuamente en ellas, sino al contrario, tener la intención de que se relajen; para lograrlo, deberemos olvidarnos por completo de su existencia.

Otro tanto sucede cuando intentamos dejar la mente en blanco. No hay peor error que procurar «no pensar en nada». Es imposible no pensar en nada, ya que, aunque sea de forma involuntaria, siempre aparecerán recuerdos, ideas, imágenes o pensamientos en nuestra mente. ¿Cómo solucionar este problema? Simplemente dejando que nuestra mente y pensamiento sigan su camino.

Si lo que buscamos es centrar la atención en una relajación o visualización que nos ayude en la sesión radiestésica, lo que debemos hacer es tener la intención clara de relajarnos y dejarnos llevar por el ritmo respiratorio. Tenemos que concentrarnos en el objetivo de nuestra experiencia, y cuando aparezcan pensamientos o imágenes que nada tengan que ver con lo realizado, en lugar de intentar evitarlos y procurar que desaparezcan, en vez de recrearnos con ellos, debemos dejarlos llevar.

No hay peor lucha que intentar batallar contra la mente en los estados de relajación o trabajo psíquico. El mejor sistema es, tal y como indicábamos, que los pensamientos naveguen libres, puesto que llegará un momento en que si no les hacemos caso acabarán por desaparecer y surgirán otros nuevos que tendrán más relación con lo que estamos realizando.

Como vemos, la mejor forma de vaciar la mente es dejar que ella se aburra por sí misma. Pero hay otros sistemas igualmente eficaces que con el tiempo podremos emplear. Por ejemplo, centrándonos en el sonido de la propia respiración o siguiendo el ritmo de la música que nos acompaña pero procurando que su melodía no genere nuevas fascinaciones mentales. Finalmente, uno de los mejores métodos para centrar la atención y llegar a un vaciado mental consistirá en retener una imagen fija en nuestra mente, imagen que puede ser de una figura geométrica, un número o un color.

Cuando el radiestesista se centra en localizar un objetivo, a su mente le cuesta relajarse y dejar de pensar o emitir imágenes de pura expectativa. Por eso, si deseamos un buen vaciado mental, nos remitiremos a las actitudes descritas en puntos anteriores sobre la disposición necesaria para toda práctica.

A grandes rasgos podemos resumir el vaciado de la mente con los siguientes puntos:

1. Evitaremos anular los pensamientos e imágenes que involuntariamente aparezcan en la pantalla mental.
2. Evitaremos recrearnos con ideas, preocupaciones o expectativas y con aquellas imágenes que nos regale la mente.
3. Procuraremos no estar pendientes de sensaciones energéticas ni de analizar las mismas a medida que se producen.
4. Mientras vamos realizando los ejercicios, nos concentraremos única y exclusivamente en su desarrollo, jamás en analizar o evaluar los resultados de una manera subjetiva.

## *Centrando los objetivos*

Mediante la radiestesia captaremos numerosas sensaciones y corrientes telúricas, pero también las energéticas y vibracionales, por lo que debemos aprender a seleccionar. Supongamos que al encender el televisor viéramos en la misma pantalla doce recuadros con el contenido de otras tantas cadenas de televisión. Seguramente nos resultaría bastante complicado el seguimiento de las doce programaciones a la vez. Nuestros ojos irían de un lado a otro de la pantalla centrándose en aquellas imágenes que resultaran más sugerentes o interesantes. Las demás crearían distorsión y, aunque las estaríamos viendo, pasarían finalmente desapercibidas. Si somos amantes de los animales y en una de las doce pantallas vemos la proyección de un documental, seguramente nuestros ojos se centrarán en esa parte de la televisión. En este momento, podemos decir que hemos centrado un objetivo.

En el mundo de la radiestesia sucede de forma muy parecida al ejemplo mencionado. Todos los canales energéticos están abiertos y manifestándose. A diferencia de la televisión, no aparecen ante nuestros ojos de uno en uno y, por tanto, como hacíamos en el ejemplo anterior, tenemos que aprender a seleccionar aquello que realmente nos interesa y que, en definitiva, será el objetivo de nuestra búsqueda.

La intención inicial cuando realizamos un ejercicio de concentración radiestésica es la que siempre debe prevalecer. Ésta es la única forma de evitar dispersiones y perdernos en un maremágnum ener-gético. Si, por ejemplo, situamos sobre una mesa una carta de cada palo de la baraja española, pero sólo nos interesa captar los Oros, lo que debemos hacer es mantener en la imagen de nuestra mente dicha figura. Al conocer la baraja, sabemos cuáles son los otros gráficos o imágenes y ello puede afectar a la captación de energía. Por eso só-lo debemos emplear una imagen: ver en nuestra mente la figura del palo de Oros.

Vamos a realizar un ejercicio para comprobar la teoría anterior:

1. Para este experimento utilizaremos cuatro cartas de la baraja española. Emplearemos las figuras de los ases. Si no las recordamos exactamente, las observaremos durante unos segundos.
2. Pondremos las figuras bocabajo, las mezclaremos como si fueran fichas de dominó y las colocaremos en línea horizontal dejando una distancia entre ellas de unos vente centímetros.
3. Sin pensar en ningún as en concreto, tendremos en nuestra mente la imagen de todos ellos. Manteniendo esta mezcolanza mental, pasaremos por encima de las cartas la varilla radiestésica o el péndulo y veremos qué ocurre. Posiblemente al pasar sobre alguna de las cartas, nuestro instrumento de captación oscile de forma diferente pero imprecisa.

4. Ahora centraremos la imagen en la figura del as de Oros y la re-tendremos unos segundos en nuestra mente pero sin recrearnos en ella. Acto seguido, diremos en voz alta o mentalmente: «Deseo encontrar el as de Oros».
5. Comenzando por la izquierda, desplazaremos suavemente el péndulo o varillas por cada una de las cartas hasta que percibamos un ligero movimiento u oscilación. Si hemos realizado el ejercicio correctamente, ésta será la señal que confirmará el éxito de la experiencia.

El hecho de mantener en la mente una serie de imágenes concretas de lo que buscamos es la mejor forma de centrar los objetivos. De todas maneras, para quienes el arte de la visualización queda un poco distante o complejo, recomendamos el uso de la palabra. Así, en el supuesto de que estemos buscando agua subterránea o un pozo, en lugar de visualizarlo repetiremos mental o a viva voz la frase: «Quiero encontrar agua» o «Indícame donde está el agua».

Para evitar dispersiones innecesarias, antes de tomar las herramientas de trabajo en nuestras manos, confeccionaremos una idea mental de lo que precisamos. De esta forma, elaboraremos una planificación que nos permitirá llegar poco a poco hacia los objetivos marcados. Si hubiera más de un objetivo, por ejemplo encontrar una corriente de agua y posteriormente un pozo, debemos pensar en un solo tema para después, tras el momento en que hemos percibido el fluido de la energía, pasar a efectuar la orden de «Quiero hallar el pozo».

## *Descubriendo colores*

Supongamos que tenemos ciertas dificultades para encontrar lo buscado o para percibir determinadas sensaciones. Notamos una energía, sabemos que algo se manifiesta, pero no estamos seguros de qué naturaleza posee. La mejor manera será crear un código de colores donde cada tonalidad represente una emoción o sensación, por ejemplo:

- **Negro:** negatividad y dolor. Situaciones poco claras, energía perturbada. En el caso de personas, puede servir para detectar un difunto o enfermos muy graves.
- **Blanco:** positividad y armonía. Afirmación energía armónica. En la búsqueda de personas puede representar a los niños.
- **Amarillo:** vitalidad, metales, joyas, energía. Puede ser perfecto para la búsqueda de zonas de vibración proyectiva en el hogar.
- **Rojo:** fuerza, pasión, fuego, gas, sexo. Podemos utilizarlo para encontrar criminales y delincuentes en general. Servirá para detectar personas con mucho carácter.
- **Marrón:** será el color de la tierra, el trabajo. Ideal para encontrar a personas muy laboriosas.
- **Azul:** el color de la mente, ideal para hallar los lugares de reflexión, para encontrar patologías mentales y será el tono que podemos emplear para detectar una idea.

El uso de estos colores es orientativo. Cada persona debería crear su propio código o modificar los ya existentes a su medida apropiada.

## *Ejercicio: Hallando a una persona con buenas ideas*

Cuando utilizamos colores para que ellos sean la imagen en la mente que deseamos encontrar, todo resulta más fácil. Supongamos que tenemos tres candidatos y debemos escoger cuál será el más creativo.

1. Situaremos las fotografías de las tres personas una al lado de la otra y separadas por una distancia de entre veinte y treinta centímetros.

2. Visualizaremos el color azul inundando nuestra mente. Al mismo tiempo indicaremos en voz alta que deseamos encontrar la fotografía que mejor se armoniza con el color azul, es decir, con el mundo de las ideas.
3. Pasaremos lentamente el péndulo sobre las imágenes. Aquella que nos dé una tonalidad azul o la que provoque una oscilación especial de péndulo mientras mantenemos en la mente el color azul, será la que debemos escoger.

## *Ejercicio: Dónde está la víctima*

Aunque en la siguiente parte del libro descubriremos cómo manejarnos con un plano, veamos ahora, a modo de entrenamiento, de qué manera podemos encontrar una víctima ficticia entre cinco cartulinas. No nos olvidemos de que el color negro representará siempre la muerte.

1. Prepararemos cinco cartulinas de idéntico tamaño y color. En cuatro de ellas escribiremos la palabra «Vivo» y en una la palabra «Muerto». Barajaremos las cartulinas, las situaremos sobre una mesa y las distribuiremos de forma circular.
2. Tomaremos el péndulo en la mano y nos concentraremos en que deseamos hallar la cartulina que tiene escrita la palabra «Muerto» y que para ello deseamos que al margen de un movimiento oscilatorio nuestra mente capte el color negro.
3. Tras la concentración adecuada, pasaremos el péndulo por las cartulinas buscando el tono negro.

Al realizar este ejercicio veremos que quizá el péndulo no oscila como lo hace habitualmente. Al contrario, quizá ni se mueva. Pero si nos hemos concentrado lo suficiente, veremos en la mente el tono negro que indicará el acierto.

Jugar con los colores tiene la ventaja de que no nos distraerán otras imágenes. Si buscamos a un difunto, el hecho de visualizarlo en la pantalla mental puede significar que nos despistemos o sintamos cierta aversión. Por el contrario, un color es mucho más inocuo.

Otro aspecto muy favorable de los tonos de color es que nos permiten trabajar sin péndulos ni varillas, es decir, con las manos. De esta manera, para efectuar un diagnóstico, bastará con pasar la palma de la mano sobre el paciente a la espera de hallar un tono determinado que nos indique cómo está su energía y de qué forma le está afectando.

## *La importancia del testigo*

En radiestesia, se denomina «testigo» a aquello que representa lo que se busca. El testigo puede ser unas gotas de agua introducidas en un péndulo que se empleará en la búsqueda de dicho elemento. Puede ser también una muestra de oro que unimos a la punta de la varilla para detectar un tesoro.

Algunos radiestesistas creen que el testigo no es más que una manera de potenciar la inseguridad, ya que el operador que reúne las condiciones adecuadas no suele precisar de lo que vulgarmente se denominan «señuelos». En cualquier caso, es preciso reconocer que un testigo, cuando la inexperiencia todavía es latente, tiene una gran utilidad para centrar energías y objetivos.

El empleo no sólo se vincula con la acción directa, es decir, con el hecho de introducir o unir a un péndulo determinado material. También está asociado desde un punto de vista indirecto con aquello a lo que recurrimos para mejor realizar la búsqueda. Así, un testigo indirecto sería el mechón de cabello que sostenemos en una mano, mientras con la otra buscamos sobre un mapa a alguien desaparecido. También sería un testigo indirecto una fotografía que miraríamos de cuando en cuando para conocer determinadas actitudes de unos candidatos laborales. Por supuesto, también serían testigos los colores que emplearemos para marcar unas temáticas de búsqueda o de respuesta.

# *Segunda parte*

Si bien en las páginas precedentes el lector ya ha tenido la oportunidad de acercarse, aunque tímidamente, a la experimentación con péndulos y varillas, será a partir de esta segunda parte del libro cuando entraremos de lleno en ello.

A lo largo de esta segunda parte veremos una selección de ejercicios y prácticas, algunas de ellas de mucha utilidad para temas cotidianos. Aspectos en apariencia tan sencillos como descubrir qué alimentos son más convenientes o qué tipo de menú precisa nuestro cuerpo, se conjugarán con otros de índole más relevante como es el diagnóstico médico, la captación de alguna dolencia o incluso un sencillo malestar. Como es lógico, no podemos obviar en esta segunda parte las temáticas relativas al ambiente en el que nos movemos: la casa. Así, veremos que con un poco de práctica radiestésica sencilla lograremos saber en qué tipo de hogar vivimos, para después descubrir de qué manera podemos incluso mejorarlo.

Pero todos los experimentos servirían de poco si el operador no los realiza con entusiasmo. A lo largo de los cursos que he desarrollado en toda mi vida sobre la noble ciencia de la radiestesia, siempre he exigido de mis alumnos que tengan sobre la mesa de operaciones o experimentación dos cosas: su espíritu infantil y su capacidad de investigación.

El espíritu infantil es muy necesario en las prácticas, ya que sólo él puede darnos la capacidad de integrarnos, de apasionarnos por la investigación y el descubrimiento de nuevas cosas. Sólo la inocencia de los niños nos permite librarnos de condicionamientos y fluir. Algo básico cuando tomamos un péndulo en las manos.

Por lo que se refiere a la capacidad de investigación, es un tema ya comentado en este libro. Tenemos que hacer un esfuerzo por no quedarnos estancados, por indagar y crear nuevos sistemas de experimentación, de búsqueda. La capacidad de investigación despierta la mente, anima a la voluntad y nos prepara para que seamos capaces de encontrar fórmulas y procedimientos que quizá no aparezcan escritos en los papeles pero que pueden ser tan válidos como los demás. Por ello y a modo de sugerencia, me permito aconsejar a los lectores que tras practicar cualquiera de los ejercicios destacados seguidamente, se anime a descubrir otros sistemas para llegar a obtener los mismos resultados.

## *Ejercicio para obtener respuestas del inconsciente*

Nuestra mente es esa entidad que no sabemos muy bien en qué lugar ubicar y que tiene la misión de procesar datos de forma continua. Todos los expertos coinciden en afirmar que los seres humanos somos dos personas a la vez: la que reconocemos como propia y la oculta. La parte propia sería aquella que tenemos condicionada y que suele moverse por parámetros reconocidos. Es la que dominamos. La parte oculta estaría formada por aquello que no sabemos que somos y que aflora de cuando en cuando, ya sea mediante sesiones de meditación, terapias regresivas, estadios de psicosíntesis o con algo tan «inocente» como el sueño.

El inconsciente es, pues, esa otra gran computadora por la que durante toda nuestra vida pasan hechos fugaces, ideas, pensamientos que a nada conducen, imágenes captadas sin prestar atención (sin conciencia) palabras y sonidos que omitimos a lo largo del día, etc. Cuando soñamos, realizamos una «digestión mental». Se trata de un proceso en el que afloran los datos que tenemos que integrar en el organismo y para los que no siempre hay tiempo durante la vigilia. En el sueño, muchas veces actuamos de forma más libre y nuestras respuestas y acciones son por ello motivo de algo liberado de tabúes.

Los péndulos pueden ayudarnos muchísimo en la búsqueda de las respuestas de inconsciente. A veces ponemos todos los sentidos en una charla o discusión. Pretendemos que no se nos escape nada. Estudiamos todos los detalles y, finalmente, cuando creemos que todo está claro, emitimos una respuesta que muchas veces resulta equivocada. ¿Qué ha pasado? Seguramente que pese a haber prestado toda nuestra atención, nos hemos quedado con el conjunto del mensaje pero evitando aspectos realmente importantes. Nuestro condicionamiento, la pasión o quizá el excesivo interés han provocado que algunos puntos pasaran desapercibidos. Sin embargo, nuestro inconsciente sí ha tomado nota de ellos, sí los ha visto y oído y quizá tenga mejor información. Por eso es necesario preguntarle.

Dudas como: «¿Realmente me conviene este trabajo?», «¿Debo comprar esta casa?», «¿Tengo que aceptar su oferta?» o «¿Me está engañando?» pueden ser difíciles de responder porque inmediatamente ponemos sobre la mesa gran número de intereses que condicionan la respuesta. Nos perdemos en las razones y evitamos el simple «Sí» o

«No». Precisamente serán estos los términos, «sí» y «no» los que vamos a potenciar con el siguiente ejercicio.

*Objetivo*

Con esta experiencia vamos a diseñar un tablero de consulta pendular. Se tratará de que dispongamos de una útil herramienta para poder hablar con nuestro inconsciente. Inicialmente debemos limitarnos a diseñar dicho tablero de forma que nos pueda dar respuestas concreta del tipo SÍ o NO. No obstante, con el tiempo, podemos desarrollar otras modalidades para acabar por diseñar un tablero que incluya todas las letras del abecedario y hasta números.

*Materiales necesarios*

◆ Una mesa redonda sobre la que trabajar.
◆ Varios folios blancos y un par de cartulinas.
◆ Un péndulo de plomada.
◆ Música evocativa, preferentemente instrumental.

*Paso a paso*

1. Comenzaremos por trabajar en una habitación en la que debemos crear un ambiente agradable y lo suficientemente íntimo como para no ser molestados. Desconectaremos el teléfono y nos relajaremos con la ayuda de un poco de música instrumental.
2. Situados frente a la mesa, limpiaremos su superficie quitando los objetos que pudiera tener y disponiéndola para trabajar con el péndulo.
3. Tomaremos un folio y lo partiremos en cuatro mitades. En dos de ellas escribiremos con rotulador negro y en un carácter grande la palabra SÍ y en los otros dos la palabra NO.

4. Tomaremos el péndulo con la mano de la forma indicada anteriormente y lo situaremos sobre la mesa. Cerraremos los ojos, dejaremos que el péndulo oscile libremente en la mano. Pasados unos minutos le indicaremos que nos diga en qué dirección está el SÍ.
5. Cuando percibamos que el péndulo adopta una serie de movimientos que nos encaminan hacia el punto de respuesta requerido, tomaremos nota de ello y colocaremos los dos papeles correspondientes a dicha respuesta en la zona adecuada de la mesa.
6. Realizado el paso anterior, procederemos a solicitar la indicación del término NO, y al hallar dicho punto, de igual forma que para el SÍ, colocaremos los dos papeles correspondientes.

Una vez hayamos realizado la experiencia anterior, ya dispondremos de un material muy útil para nuestras prácticas de preguntas al inconsciente. Ya que poseemos un tablero, una mesa en la que sabemos dónde están las respuestas de las que obtendremos puntual y concreta respuesta.

Péndulo 1. Quien trabaja con el péndulo debe acabar por crear un código que le permita resolver las más simples respuestas afirmativas o negativas. Dichas repuestas pueden basarse en cualquier tipo de dirección que tome el péndulo. Pese a ello, es factible construir un tablero como mando tomando como referencia el de la ilustración. Si seguimos el modelo, la respuesta siempre será clara y concisa. Recordemos que antes de iniciar la sesión, debemos colocar el péndulo en la zona oscura del centro.

El siguiente paso consistirá en proceder a realizar las preguntas de una forma conveniente. Recordemos que se trata de un sistema de pregunta-respuesta concreta, por tanto, no caben las divagaciones a la hora de efectuar las preguntas. Preguntaremos de la siguiente forma:

1. Cerraremos los ojos y nos relajaremos mediante la respiración. Para ello debemos comenzar por respirar con mucha suavidad, muy poco a poco. Repetiremos el ciclo respiratorio durante un par de minutos.
2. Tras el proceso anterior, reflexionaremos mentalmente sobre la pregunta que deseamos efectuar. Podemos pensar en una imagen que nos ayude a realizar la pregunta o crear un ideograma repasando un recuerdo que nos lleve a la vivencia por la que queremos preguntar.
3. Nuevamente realizaremos un par de respiraciones profundas y tras ello efectuaremos la pregunta en voz alta. La podemos repetir un par de veces pero debe ser siempre la misma y lo suficientemente clara como para que la respuesta sea concreta.

## *Obteniendo respuestas deletreadas*

Si bien con el método detallado en el ejercicio anterior debemos hacer un esfuerzo por centrar toda la atención en preguntar sólo cuestiones que podamos ver resueltas con afirmación o negación, con el ejercicio que detallamos seguidamente, la respuesta será mucho más amplia.

1. Para llevar a cabo esta práctica debemos disponer de una cartulina de tamaño DIN A3 que situaremos de forma apaisada para disponer de más espacio de trabajo.

2. En la parte inferior de la cartulina trazaremos una línea horizontal. Desde el centro, trazaremos tantos radios como letras tenga el abecedario, añadiendo los números del 0 al 10.
3. Al final de cada uno de estos radios escribiremos las letras en el orden del abecedario. Cuado tengamos terminado el tablero lo observaremos para ir acostumbrándonos a su diseño.
4. Pasados unos minutos tomaremos el péndulo de plomada de la forma habitual y lo situaremos en el punto del que parten todos los radios del tablero. Dejaremos que nuestro instrumento oscile libremente. De esta forma nos acostumbraremos a ver sus movimientos sobre las letras sin por ello perder la concentración cuando debamos tenerlas por los temas preguntados.
5. El siguiente paso consistirá en disponernos a realizar las preguntas. Como en el caso de SÍ o NO, debemos meditar el tema sobre el que deseamos obtener una respuesta, programarlo en la mente y, acto seguido, emitirlo con voz alta y clara. Después simplemente nos limitaremos a observar las evoluciones del péndulo sobre la mesa o tablero.

**NOTAS**

◆ No estaría de más que, cuando hayamos adquirido un poco de práctica, desarrollemos un tablero más personalizado en el que en lugar de letras podamos incluir algunas palabras estandarizadas que a modo de respuesta breve puedan arrojar luz de forma rápida y efectiva sobre lo preguntado.

◆ Algunas personas en lugar de trazar su tablero sobre una cartulina lo diseñan directamente sobre la mesa de trabajo. Si bien este sistema puede resultar efectivo, desaconsejo que las letras sean dispuestas en sentido circular sobre la mesa. El mejor sistema siempre será ubicarlas en forma de semicírculo.

**Péndulo 2.** Cuando el operador ya está acostumbrado a trabajar con su péndulo y recibir respuestas concretas, puede optar por construir un tablero de comunicación. Como vemos en la ilustración, el tablero está diseñado en semicírculo y posee todas las letras y números del abecedario. El péndulo debe situarse en el centro de la línea horizontal, en la zona negra. Algunas personas trabajan con tableros similares a éste, pero en lugar de incorporar letras o números, prefieren incluir expresiones o frases hechas que permiten una mayor agilidad y rapidez de respuesta.

## *Ejercicio para buscar objetos en la casa*

Las prisas de la vida cotidiana muchas veces generan desorganización. Seguramente decenas de veces se nos ha traspapelado un documento, hemos cambiado un disco de la estantería en la que estaba o uno de nuestros libros no aparece por ningún rincón de la biblioteca.

Ante estos hechos tenemos dos soluciones: o aceptamos, por un lado, que nuestra casa tiene duendes traviesos o, por otro, que por las prisas y el desorden hemos guardado donde no correspondía aquello que estamos buscando.

Los péndulos, al igual que las varillas, pueden ser de gran ayuda para encontrar un objeto determinado. Claro que para lograr una búsqueda que sea fructífera debemos primero pasar un entrenamiento buscando otras cosas que no revistan demasiada importancia y que sepamos en qué lugar se encuentran.

*Objetivo*
Para comenzar con este entrenamiento nos centraremos en la búsqueda de objetos tan simples como un llavero, una manzana y unos zapatos. El objetivo no se centra tanto en el acierto seguro, sino en el grado de aproximación. Para la realización de este objetivo precisaremos de la ayuda de alguien que se encargue de esconder los tres objetos mencionados.

Dentro de los materiales que vamos a precisar cabe destacar que para esta experiencia emplearemos la varilla y el péndulo. Con la varilla determinaremos las posiciones de los objetos en las estancias y habitaciones de la casa y con el péndulo averiguaremos cuál es su posición exacta.

*Materiales necesarios*

- ◆ Un llavero con varias llaves.
- ◆ Una manzana.
- ◆ Un par de zapatos.
- ◆ Una varilla radiestésica.
- ◆ Un péndulo.
- ◆ Un pañuelo para vendar los ojos.

*Paso a paso*

1. Nos sentaremos cómodamente teniendo enfrente una mesa con los objetos que serán escondidos. Repasaremos uno por uno cada objeto, haciendo un esfuerzo por retener su imagen en nuestra mente.
2. Pasados un par de minutos, cerraremos los ojos y nos relajaremos. Al mismo tiempo, la otra persona irá escondiendo cada uno de los objetos. Cabe apuntar que su ocultación no debe hacerse tampoco de forma excesivamente rebuscada, simplemente deben colocarse en algún lugar de la casa en el que por lógica sea difícil que se halle dicho objeto.
3. Cuando el radiestesista esté listo para proceder, vendará sus ojos con el pañuelo, comprobando que no puede ver nada. Con la ayuda de la otra persona se pondrá en pie y tomará la varita entre sus manos.
4. Comenzará a caminar pensando en un objeto concreto, nunca en los tres a la vez, ya que ello generaría una distorsión en las imágenes mentales que dificultaría el resultado final.
5. Debe ir caminando poco a poco, centrando toda su atención en encontrar el objeto cuya imagen tiene en la mente.
6. Cuando en el recorrido perciba una oscilación de la varita, un movimiento fuerte hacia abajo indicará que el radiestesista se encuentra en la habitación conveniente donde está el objeto.
7. El operador se quitará el pañuelo y cambiará la varilla por el péndulo, preguntándole por el lugar en el que se encuentra el objeto a buscar, prestando atención a los movimientos que efectúa el péndulo para seguirlo de forma conveniente.

## *Ejercicio para determinar posiciones en un mapa*

Esta práctica será muy útil para toda aquella prospección que se deba hacer en grandes superficies. De esta forma, en lugar de recorrer grandes distancias, podemos acotar los terrenos con la ayuda de un mapa y péndulo y posteriormente asistir al lugar con las varillas para realizar una búsqueda más ampliada.

Por supuesto, las indicaciones que destacaremos en este ejercicio serán igualmente útiles a la hora de trabajar con planos de viviendas, castillos, fábricas, etc.

### *Objetivo*

Dado que el tema vinculado con la vivienda y sus zonas telúricas será abordado en otro ejercicio, centraremos el presente en la búsqueda de una persona que ha desaparecido. En el caso de recurrir como sistema complementario al uso de los colores y sabiendo que a quien buscamos está vivo, procuraremos emplear un tono neutro, por ejemplo el marrón.

El objetivo de este ejercicio será hallar sobre un mapa que iremos ampliando y acotando debidamente, el lugar exacto en el que podemos encontrar a quien está desaparecido. Posteriormente, nos desplazaremos a la zona en cuestión para, con las varillas o las manos, determinar la posición todavía más exacta.

Para este ejercicio de prueba, necesitaremos la ayuda de un cómplice que se esconda en una calle de nuestra ciudad y al que buscaremos con la ayuda de un plano.

### *Materiales necesarios*

- Un mapa de la ciudad.
- Una regla de un metro o metro de medir.

- Un péndulo.
- Una fotografía u objeto personal de quien buscamos.

*Paso a paso*

1. A una hora concertada, la persona que nos ayudará efectuará una llamada desde el lugar en el que se encuentra ubicada o escondida. En ese momento el radiestesista comenzará a realizar una relajación rápida con la ayuda de la respiración.
2. Situaremos sobre la mesa de trabajo el plano a escala de la ciudad y junto a él la fotografía o el testigo de quien vamos a buscar.
3. Fijando en la mente el objetivo de búsqueda, emitiremos en voz alta aquello que deseamos, por ejemplo: «Deseo encontrar a Félix».
4. Colocaremos la regla o metro a lo ancho del plano y comenzaremos a recorrerla pasando por encima de ella el péndulo. Cuando el péndulo reaccione, detendremos su marcha y marcaremos un punto en el plano. Ya tenemos la coordenada horizontal.
5. Colocaremos la regla en sentido vertical y repetiremos la operación anterior hasta que el péndulo efectúe una oscilación o movimiento claro que indique una posición de coordenada vertical.
6. Ahora ya disponemos de dos puntos, tan sólo nos restará trazar dos líneas. Una en sentido vertical desde la coordenada horizontal y, al revés, una segunda línea en sentido horizontal desde la coordenada vertical. El punto de intersección de las dos líneas marcará dónde está la persona.

En este momento de la práctica tenemos localizada una primera zona de prospección, pero no olvidemos que hemos trabajado con un mapa a escala. Por tanto, quizá el punto marcado esté ocupado por varias casas. Por eso, recurriremos a la guía de calles, así dispondremos de un plano mucho más detallado.

Con la página correspondiente de la guía de calles efectuaremos el mismo proceso que el descrito a fin de poder matizar al mínimo el lugar donde ese encuentra quien buscamos.

Una vez hemos obtenido un resultado, quizá sea lo suficientemente claro como para finalizar aquí el ejercicio. Podemos optar por llamar por el teléfono móvil a quien está escondido e indicarle dónde creemos que está. Pero lo más adecuado sería desplazarse hasta el lugar con la varilla radiestésica y proceder de la siguiente forma:

1. Al llegar a la zona que hemos detallado en el mapa, tomaremos la varilla mientras formulamos de nuevo la instrucción de búsqueda: «Quiero encontrar a Félix».
2. Comenzaremos a caminar en la dirección que nos guíe la intuición. Como es de suponer, la persona estará escondida, por lo que a simple vista no la veremos. Por ello debemos prestar atención a las oscilaciones de la varilla cuando pasemos por delante de alguna portería, bar u otro establecimiento o vi-vienda. Allí donde marque la varilla, está nuestro objetivo. Claro que puede darse el caso de que la persona se ha movido y lo percibido es su rastro de energía. De todas formas, no puede estar muy lejos.

## NOTA

◆ En este caso sabíamos de forma aproximada dónde se hallaba la persona, ya que conocíamos la ciudad. Si no es así, la búsqueda es más complicada, ya que debemos recurrir a planos mayores. Si sabemos que alguien puede estar en España, tomaremos un mapa que nos permita determinar la comunidad en la que se encuentra. Después procederemos a realizar el mismo ejercicio con otro mapa mucho más detallado y am-pliado. Así seguiremos sucesivamente hasta que el lugar quede reducido al máximo.

## *Ejercicio para seleccionar personas*

Si la radiestesia nos permite encontrar a alguien sobre un plano, mucho más fácil será hallar una tipología determinada de persona. Temas como saber en quién confiar, saber qué persona realiza mejor un determinado trabajo o conocer quién nos está traicionando o con quién podemos tener conflictos puede lograrse mediante la radiestesia.

En el apartado destinado a los colores como ayuda de lectura y el destinado al testigo hemos visto que podíamos captar la energía de un tono determinado, pero vamos a complicar un poco más todo esto. Supongamos que tras una selección de personal nos quedan cuatro candidatos. Vamos a suponer que todos ellos poseen más o menos aquellas condiciones que necesitamos, pero ¿con quién podemos tener problemas?, ¿quién será el más negativo de todos?, ¿qué emoción es mayoritaria en dicha persona?

### *Objetivo*
Como ya sabemos que en teoría las cuatro personas son válidas, vamos a actuar por eliminación. Este ejercicio se compondrá de dos fases. En la primera descartaremos a las personas con las que pueda existir una cierta negatividad. Acto seguido recurriremos a un tablero emocional que nos marcará el carácter de otras dos personas, para que así podamos escoger sólo a una.

### *Materiales necesarios*

◆ Una fotografía carné de cada candidato. En su defecto emplearemos una fotocopia de su documento de identidad o, si también carecemos de él, una cartulina en la que escribiremos su nombre y apellido.

- Un péndulo, preferentemente con capacidad para testigo o en su defecto un péndulo de los denominados «elemento fuego».
- Una tarjeta de análisis de carácter, que puede ser una copia de la gráfica «Análisis de Carácter» u otra confeccionada a la medida.

*Paso a paso*

1. Libraremos al máximo la mente de condicionamientos, y para ello nos olvidaremos por un momento de los documentos o nombres que tenemos delante y procuraremos centrarnos sólo en imaginar un punto de luz blanco.
2. Poco a poco debemos hacer crecer el punto de luz en nuestra mente. Al mismo tiempo sostendremos el péndulo con una mano. Como hemos de hallar a la persona que nos dé negatividad, indicaremos: «Ahora pasaré el péndulo, quiero encontrar a las personas con las que puedo tener problemas».
3. Desplazaremos el péndulo de izquierda a derecha por encima de las fotografías. Recordemos que debemos encontrar dos energías que no sean compatibles. Por ello, para lograr una mejor confirmación, indicaremos: «Deseo recibir una señal en color negro que se corresponda con las dos personas negativas».

Una vez eliminados dos candidatos, debemos crear un valor general de evaluación para poder eliminar a uno de los otros dos restantes.

Si bien en la tabla de análisis de carácter hay inscritas una serie de emociones, debemos ajustarlas a lo que estamos buscando. Por tanto, no dudaremos en crear un nuevo esquema. Sea como fuere, debemos concentrarnos y situar el péndulo en la zona central de consulta. Actos seguido procederemos de esta forma:

1. Situaremos bajo el esquema la fotografía o cartulina con el nombre de la persona. No importa que no veamos el nombre ni el rostro del futuro elegido, sólo nos interesan sus cualidades.
2. De las ocho condiciones a evaluar que nos permite el tablero, veremos por cuál de ellas se inclina el péndulo en primer lugar. Para ello preguntaremos: «¿Cuál es la condición dominante en esta persona?».
3. Tras la primera evaluación, preguntaremos: «¿Qué cualidad de las aquí referenciadas es la peor en esta persona?».
4. Realizaremos las mismas preguntas con las dos fichas y esto nos servirá para escoger una, pero si todavía no lo tenemos claro, podemos preguntar al péndulo sobre quién de los dos nos dará más positividad. Para ello situaremos el péndulo entre ambas fichas y realizaremos la pregunta.
5. Como práctica final, cuando ya tenemos una sola ficha, vamos a recurrir a los colores para saber qué sensación nos transmite cada uno de los puntos marcados en la ficha. Si, por ejemplo, al situar el péndulo sobre la casilla de egoísmo percibimos un tono blanco, interpretaremos que no estamos ante una persona que es egoísta. Por el contrario, si apreciamos el color negro, entenderemos lo contrario.

## NOTA

- Los sistemas de evaluación que hemos referido en esta práctica son puramente orientadores. Debe ser el operador quien en última estancia cree los suyos propios.
- Pensemos que de la misma forma que podemos evaluar la conveniencia de un candidato, podemos resolver dudas sobre cuestiones personales o descubrir cualidades de amistad, pareja, etc.

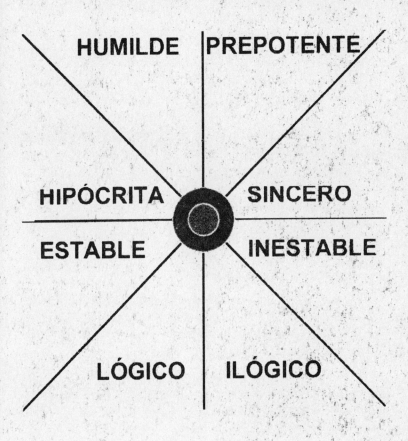

**Modelo de tabla indicativa del carácter.**
Esta tabla será ideal para sondear y conocer el carácter o naturaleza de diferentes persona, ya sean posibles socios o amistades.

## *Ejercicio para encontrar agua*

Hallar agua es un referente clásico en la radiestesia. Pasear por un campo y poder descubrir por uno mismo dónde se encuentra el cauce de las aguas subterráneas no sólo es una experiencia especialmente gratificante, sino que además significa la confirmación de un logro personal.

Veremos seguidamente cómo podemos encontrar el líquido elemento; es importante tener en cuenta que esta práctica tan enriquecedora es aplicable también para otro tipo de fluidos. Puede servirnos para hallar oleoductos, tuberías de gas, cloacas, etc., aunque nos centraremos en los líquidos.

### *Objetivo*
Vamos a trabajar únicamente en el exterior, a la búsqueda de corrientes de agua que nos lleven hasta un pozo. Estamos, pues, ante un ejercicio doble que nos servirá para establecer mediciones, al menos aproximadas, usando de forma conjunta tanto la varilla como el péndulo.

En esta práctica, para la que emplearemos un mapa, el péndulo servirá para acotar el terreno que posteriormente visitaremos ya con la varilla. Una vez estemos sobre la pista, veremos que de nuevo será necesario el uso del péndulo para efectuar las mediciones.

### *Materiales necesarios*

◆ Uno o varios mapas del terreno sobre el que buscaremos la corriente de agua.
◆ Un péndulo con testigo de agua o realizado en armonía con dicho elemento.
◆ Varilla radiestésica.

*Paso a paso*

1. Tomaremos un mapa que haga referencia a una zona natural, preferentemente de bosque y en la que no esté marcado el curso de ningún río.
2. Nos concentraremos en el deseo de hallar una corriente de agua subterránea o pozo.
3. Visualizaremos una imagen que tenga relación con el agua y, pasados unos minutos, realizaremos con la ayuda del péndulo el acotamiento de la zona sobre la que tenemos que buscar, de igual forma que hemos hecho en el ejercicio destinado a encontrar una persona.
4. Cuando tengamos localizado el terreno, nos desplazaremos hasta él con las herramientas necesarias para la exploración *in situ*. Inmóviles y en pie le preguntaremos al péndulo en qué dirección debemos comenzar la prospección. Para ello le solicitaremos que nos indique el punto cardinal al que dirigirnos.
5. Hallado el punto solicitaremos confirmación mediante una simple pregunta de SÍ o NO. Una vez tenemos la dirección, guardaremos el péndulo que será sustituido por la varilla.
6. Antes de empezar a caminar nos relajaremos con la ayuda de la respiración centrando en la mente una imagen que haga alusión al agua que buscamos.
7. Pasados un par de minutos comenzaremos a caminar muy lentamente y sin expectativas de ningún tipo. Debemos mantener en la mente la idea de hallar agua.
8. En el momento que notemos la oscilación de la varilla marcándonos el agua, nos detendremos, pasando de nuevo a trabajar con el péndulo para que nos indique cuál es la trayectoria del curso de agua.
9. Para buscar el pozo, repetiremos el proceso anterior, preguntándole al péndulo la dirección a seguir. Después cambiaremos de

nuevo a la varilla. En este caso la aguantaremos con algo más de fuerza, puesto que como caminamos siguiendo el curso del agua, ejercerá una presión hacia el suelo. Cuando notemos que la presión es muy fuerte, habremos encontrado o el pozo o un lugar en el que hay mayor condensación de agua.

En el momento que se encuentran cursos de agua, podemos intentar captar su profundidad mediante un sistema manual puramente intuitivo o a través del péndulo. El método para trabajar con las manos consistirá en permanecer en pie, con los brazos en cruz y las palmas orientadas hacia la tierra. En esta posición nos concentraremos en sentir la energía que fluye bajo los pies.

Cuando llevemos un par minutos de concentración, visualizaremos de la misma forma que hicimos en los ejercicios de entrenamiento una espiral que sale de nuestras manos y se dirige rumbo a la corriente de agua. Manteniendo esta acción podremos intuir a qué profundidad se encuentra el agua. Quizá nos venga a la mente algún número o un color que previamente hayamos codificado para indicar, cerca, medio o lejos.

En el caso del péndulo, nos ayudará a encontrar la profundidad mediante preguntas como: «¿El agua está a más o menos de diez metros?». Si la respuesta es «más» repetiremos la pregunta con un valor de hasta diez más, es decir: «¿El agua está entre los veinte y los treinta metros?». De esta forma podemos ir acotando las respuestas hasta obtener el metraje casi exacto.

## *Ejercicio ¿Qué tiempo hará mañana?*

No podemos asegurar que nos convirtamos en meteorólogos de la noche a la mañana con la ayuda de un péndulo, pero es bien cierto que la climatología y las energías están vinculadas entre sí. Si por pura intuición en ocasiones presagiamos la lluvia, la llegada del frío o una ola de calor, con la ayuda del péndulo ello resultará bastante más fácil.

Jugar a meteorólogos no debe extrañarnos, de hecho muchos animales poseen un cierto sentido que les capacita para prever el tiempo. Como veremos, con un poco de maña y buena disposición podemos llegar a crear un código que nos ayude a «entender» la climatología.

*Objetivo*

Dejando a un lado la información que podamos obtener mediante la observación de las nubes o a través del parte meteorológico, vamos a intentar captar la climatología del día siguiente. Averiguaremos qué tipo de día habrá y hasta qué temperatura puede alcanzar el termómetro.

*Materiales necesarios*

◆ Un péndulo de elemento aire.
◆ Una cartulina blanca en la que trazaremos un círculo y dividiremos en cuatro partes iguales.

*Paso a paso*

1. Por la noche, antes de acostarnos, nos concentraremos en la intención de saber qué tiempo hará mañana. Crearemos cuatro parámetros o palabras que nos sirvan de referencia como: «Malo», «Regular», «Bueno», «Muy Bueno».
2. Escribiremos cada uno de estos términos en una de las partes del círculo que ya tenemos preparado. Colocaremos el péndulo en el centro de esta improvisada tabla y formularemos la pregunta, observando las evoluciones del péndulo.

3. Una vez ya ha indicado uno de los campos, podemos proceder con otras preguntas. De este modo, en el caso de indicar mal tiempo, recurriremos a la tabla de SÍ o NO, preguntaremos si lloverá o hará sol.
4. Por lo que se refiere a las temperaturas, la mejor forma de conocerlas será escribiendo en una línea horizontal los números 10, 20, 30 y 40. Entre cada ciclo de éstos escribiremos los números 2, 4, 6, 8.
5. Nos concentraremos en saber cuál será la temperatura media de mañana. Acto seguido situaremos el péndulo en el centro de la lista esperando que se decante hacia un lado u otro. Cuando tengamos una mitad de la lista seleccionada, por ejemplo el péndulo ha marcado 28º o menos, procederemos a situarlo de nuevo en el centro del nuevo segmento (entre el 10 y el 28) y esperaremos sus oscilaciones. Repetiremos sucesivamente el proceso hasta encontrar la temperatura exacta.

## *Ejercicio para hallar las líneas telúricas de la casa*

La casa, como parcela especial de nuestra vida, merece un cuidado especial. Habitualmente, cuando compramos una casa, no tenemos en cuenta la disposición energética del lugar. En toda vivienda deberían existir lugares para la reflexión, el descanso, el diálogo, el estudio y, cómo no, el amor. Estos recintos en los que la energía estará activada de una forma especial, no siempre se corresponden con la distribución natural de la casa.

Dormir bien puede pasar por algo tan simple como reorientar la cabecera de la cama. Que nuestros hijos superen sus estudios con más facilidad puede tener relación con la orientación que tenga su mesa de trabajo. Todas estas consideraciones, sobre las que trabajan los expertos en Feng Shui, son necesarias para tener una mejor calidad de vida y para ello debemos recurrir a la radiestesia.

*Objetivo 1: Captar las líneas telúricas de la casa*
Descubrir la tipología energética de la vivienda nos servirá sobre todo para emplear unas zonas en detrimento de otras. Por ejemplo, nunca debemos instalar bajo ningún concepto un dormitorio sobre una corriente de agua, mucho menos si ésta es de aguas fecales. De igual forma, aquellas zonas que sean cruces de energía naturales, si no se armonizan con la ayuda de piedras, espejos o plantas, tan sólo servirán para crear negatividad o estados de nervios. Por lo tanto, nada peor que colocar en un cruce energético la mesa del comedor o la de trabajo. Desde luego, ya podemos estar seguros de que el diálogo y la armonía brillarán por su ausencia.

*Objetivo 2: ¿Qué energía tiene esta habitación?*
La segunda parte de este ejercicio está enfocada a realizar prospecciones en todas las habitaciones de la casa para poder adecuar su uso una vez identificada la energía que destilan.

*Materiales necesarios*

◆ Plano de la casa y a ser posible otro menor y detallado de cada una de las habitaciones.
◆ Varilla radiestésica.
◆ Péndulo normal tipo peonza o plomada. Si consideramos que bajo nuestra casa pueden existir corrientes de agua, emplearemos un péndulo del tipo testigo.
◆ Una cartulina de cada uno de los colores que empleemos habitualmente en nuestra codificación personalizada.

*Paso a paso*

1. Comenzaremos por relajarnos con la ayuda de un poco de música. No estaría de más que antes de comenzar la prospección, a fin de crear un buen ambiente, abriéramos todas las ventanas de la casa. De esta forma renovaríamos el aire y con él la energía estática.
2. Cuando ya estemos en sintonía, recorreremos con el péndulo de testigo especial para agua, el plano de la casa, con el objetivo de poder detectar alguna zona que posea especial humedad o por la que transcurra una tubería.
3. Realizadas las comprobaciones anteriores, marcaremos la zona de la casa en la que existe la humedad y nos dirigiremos a ella con la varilla de radiestesia, al tiempo que pensamos mentalmente que deseamos hallar los fluidos líquidos del hogar.
4. Independientemente de la pesquisa anterior, debemos recorrer toda la casa con la varilla en las manos, primero intentando captar agua y después para hallar las corrientes de energía telúrica. Tanto para un caso como para otro, comenzaremos la investigación desde la habitación más alejada de la puerta de la calle e iremos avanzando poco a poco recorriendo toda la vivienda.
5. Una vez localizadas las zonas de línea o cruce telúrico, tomaremos nota de ellas, apuntando en un plano dónde se encuentran. Esta información será de mucha utilidad si decidimos poner en práctica el Feng Shui u otra técnica de armonización del hogar.

Cuando ya sabemos dónde están las energías y líneas telúricas de cada estancia, es momento de pasar a la prospección de todas las habitaciones. Esta investigación se debería hacer *in situ* en cada lugar susceptible de ser analizado. No obstante, antes de esto, podemos trabajar con el péndulo sobre el plano de la casa. En este caso se trata de preguntarle al péndulo si la energía (en general) es positiva o negativa. Podemos recurrir al tablero de SÍ o NO para obtener una respuesta más clara. En el caso de las investigaciones *in situ*, debemos seguir estos pasos:

1. Seleccionaremos unas cartulinas de color que indiquen el tipo de energía de cada estancia. Por ejemplo: una verde para indicar la existencia de paz y armonía; roja para temas afectivos y pasionales; azul para el estudio; morado para la evolución espiritual y marrón para las cuestiones puramente laborales.
2. Nos colocaremos en el centro de cada estancia y desde allí nos concentraremos en captar la zona que mayor energía desprende. Si lo deseamos, también podemos partir del punto que habremos hallado con la varilla, aunque no estaría de más efectuar la práctica.
3. Cuando veamos que el péndulo oscila, nos orientaremos hacia la dirección que nos marque. Nos sentaremos en el suelo, nos relajaremos y sentiremos la energía que nos envuelve.
4. Pasados un par de minutos, colocaremos delante las tarjetas o cartulinas de color en distribución circular. Pondremos el péndulo en el centro de todo el conjunto y formularemos la pregunta: «¿Qué tipo de energía hay aquí?».
5. Observaremos las indicaciones del péndulo sobre el tipo de energía que se manifiesta en la habitación y nuevamente tomaremos notas de ellas en el plano. Después pasaremos a otra estancia.

No debemos perder los datos de este análisis ya que serán de gran ayuda cuando debamos realizar una prospección para la decoración de la casa o incluso, si se diera el caso, para cuando tengamos que establecer un diagnóstico de radiestesia médica. Como veremos, la acumulación de un determinado tipo de fluido en una estancia puede llevarnos al engaño cuando testemos con el péndulo sobre una persona. De igual forma, si sabemos que una estancia es apropiada para estudiar, debemos pintarla de azul o verde, nunca en tonos amarillos o rojizos y mucho menos si son chillones.

## *Ejercicio para adivinar el menú*

Aunque hemos dicho que la radiestesia en nada tiene que relacionarse con la magia ni las artes adivinatorias, podemos «jugar» a adivinar con ella. Esto no es más que una forma de prospección e incremento de nuestra energía de captación y, en definitiva, un juego divertido.

No debemos confundir esta práctica con aquella otra en la que le preguntaremos al péndulo qué debemos comer o qué tipo de alimentos serán los más adecuados para el organismo.

### *Objetivo*
Sin tener noción alguna sobre él, debemos averiguar qué tipo de menú habrá en nuestra casa cuando lleguemos (si es que alguien nos lo ha preparado) o qué tipo de menú encontraremos en el restaurante al que habitualmente acudimos a comer o cenar.

### *Materiales necesarios*

◆ Una lista genérica de alimentos.
◆ Un péndulo.

### *Paso a paso*

1. Elaboraremos una lista de posibles primeros platos, y otra de posibles segundos. Esta lista deberá contender el nombre de las ver-

duras y hortalizas o legumbres que podemos encontrar en el primero, y el nombre de las cartas y de los pescados que puede haber en el segundo. Por supuesto, no olvidaremos anotar también los nombres de las frutas, pasteles, etc.
2. Nos relajaremos, llevaremos a nuestra mente una imagen que represente el restaurante o la cocina de la casa y nos centraremos en los primeros platos. Preguntaremos: «¿De todo esto, qué encontraré hoy en el menú?».
3. Tras la respuesta (sólo tendremos en cuenta una), procederemos de igual manera con los segundos y con los postres.

Este inocente juego puede practicarse con cualquier modalidad de situación en la vida cotidiana. Su objeto, además de familiarizarnos con la radiestesia, es potenciar la intuición, algo imprescindible en este tipo de técnicas.

Una variante del juego será, cuando ya sabemos qué encontraremos en el menú, preguntarnos por el plato que nos conviene más, aunque para hacerlo de forma correcta, esta actividad debería efectuarse con la carta o menú delante.

### *Ejercicio: ¿Qué me conviene comer?*

El lector que haya realizado el ejercicio anterior habrá visto que el péndulo efectúa una serie de movimientos indicativos sobre determinado tipo de alimentos. Pero como continuación de la práctica mencionada, veamos seguidamente de qué forma la radiestesia puede ayudarnos en el ámbito nutricional.

En ocasiones, un alimento nos apetece más que otro, pero a veces la apetencia se convierte en necesidad. Tras un disgusto o problema emocional que tenga relación con la autoestima, el cuerpo nos pide azúcar. El chocolate, los dulces y todo tipo de pasteles son el mejor remedio para apaciguar nuestra pena y la sensación de que nadie nos quiere. Por otra parte, vemos que la carne, especialmente la roja, no aporta energía y agresividad. Algunas personas, tras una profunda discusión o una situación muy tensa, necesitan un buen entrecot sin saber por qué. Y es que nuestro cuerpo, en su sabiduría, tiene varias formas de comunicarnos aquello que es bueno para un momento dado o qué necesitamos para que todo vaya bien.

Con la radiestesia podemos ayudar a nuestro organismo. Podemos descubrir qué tipo de alimentos son necesarios para una etapa determinada de nuestra vida o qué debemos evitar. De igual forma, podemos averiguar, teniendo un menú delante, qué tipo de plato será el que armonice mejor con la situación por la que estamos pasando en ese momento. Nuestro cuerpo se comunicará con el péndulo y nos lo indicará.

## *Objetivo*

Si bien podemos realizar numerosas variantes del ejercicio, lo centraremos concretamente en descubrir cuáles son los alimentos, de los que se nos ofrecen en una carta o menú, que más necesitamos. Por supuesto, la práctica podría enfocarse también de cara a dietas concretas. Así, podríamos preguntarle al péndulo qué tipo de alimentación debemos ingerir para superar determinado estado anímico o cuáles serán los platos más recomendados para después de una entrevista que nos provocará tensión o para una comida en la que debemos estar muy tranquilos.

## *Materiales necesarios*

- ◆ Una carta o menú.
- ◆ Un péndulo de armonía con la tierra.

*Paso a paso*

1. Nos sentaremos cómodamente, sosteniendo la carta de alimentos entre las manos. La revisaremos exhaustivamente a fin de saber qué tipo de alimentos se nos ofrecen en ella.
2. Respiraremos de forma muy lenta y pausada al tiempo que llevamos a la mente el pensamiento de hallar el tipo de alimento que más benéfico puede ser para nuestro organismo.
3. Colocaremos la carta o menú sobre la mesa, tomaremos el péndulo y, colocándolo a la altura de la primera línea de texto, preguntaremos: «¿Qué tipo de alimento me conviene más?», o también: «Teniendo en cuenta cómo me encuentro hoy, ¿qué plato debo escoger?».
4. Con mucha suavidad iremos pasando el péndulo por toda la lista de platos y esperaremos alguna oscilación que determine una respuesta. Cuando la percibamos, detendremos el péndulo y buscaremos la confirmación preguntando: «¿Éste es el plato que debo solicitar?».
5. Tras la respuesta anterior, repetiremos el proceso tantas veces como sea necesario hasta obtener el menú completo.

## NOTA

◆ Si bien el ejemplo anterior servirá para un restaurante, también podemos emplear el péndulo para saber qué tipo de plato debemos cocinar. Para ello, podemos seleccionar varios libros de cocina con el fin de escoger una modalidad que sea la más conveniente. Después, cuando ya tengamos un libro sobre el que trabajar, podemos pedirle al péndulo que efectúe una señal al pasar por la página en la que aparezca la receta que mejor se ajuste a nuestras necesidades. Cuando la encontremos, ésa será la que debemos cocinar.

◆ El mismo ejemplo anterior puede aplicarse a los zumos naturales e infusiones. Este tipo de bebidas nos da el aporte de vitaminas que nuestro cuerpo necesita o pueden ayudarnos en estados de enfermedad. Si disponemos de una lista completa de posibles infusiones o combinados frutales, podemos inquirir al péndulo que nos recomiende aquella que necesita nuestro organismo o que nos puede sentar mejor durante o después de la comida o cena.

### *Ejercicio: ¿Qué color necesito en mi casa?*

De igual forma que las varillas de radiestesia nos ayudan a descubrir la tendencia de las líneas de energía en el hogar y que con el péndulo podemos captar diferentes zonas de energía, también es factible descubrir de qué manera debemos decorar las estancias de la casa o cuáles son las tonalidades más armónicas para ellas.

Los colores generan una gran influencia sobre la actividad humana. Ya hemos visto que diferentes tonos ayudarán a descubrir y codificar las energías. De igual forma, la coloración de unas paredes afectará al ambiente y emociones que se vivan cerca de ellas.

Numerosos estudios reflejan que los restaurantes de comida rápida se decoran con tonalidades amarillentas o incluso anaranjadas para que el público tenga cierta «prisa» en abandonar el recinto. Por el contrario, vemos que en algunas tiendas de moda sus colores nos incitan al descanso y la reflexión. No hay prisa, cuanto más tiempo estemos en sus instalaciones más fácil será que compremos.

Pero los colores no sólo afectan al consumo, sino a todo tipo de actividades humanas. Habrá colores que generarán mucho dinamismo, pero otros se convertirán en armas capaces de alterar nuestros nervios o de restarnos las energías y hasta de provocarnos cierta somnolencia.

A veces decoramos la casa más por una cuestión de moda que por gustos personales. Ciertamente, en ocasiones, lo que denominamos «apetencia» no es más que una inclinación de la energía. No sabemos cuál es el motivo, pero tenemos claro que una habitación tiene que ser de color salmón, aunque dicho tono no sea uno de nuestros preferidos. Cuando ello ocurre decimos que estamos armonizándonos con la energía del entorno. Sin embargo, esta «armonización» no siempre resulta tan fácil y se hace imprescindible el uso de un péndulo.

*Objetivo*

Con este ejercicio pretendemos descubrir cuál tiene que ser el color que domine en cada una de las estancias de la casa e incluso, yendo un poco más allá, podremos precisar si en alguna de ellas debemos emplear dos colores diferentes.

No nos dejaremos guiar por nuestro gusto personal, sino por lo que nos marcan las energías telúricas de nuestra vivienda en armonía con lo que capta nuestro inconsciente.

Puede que no estemos en disposición de redecorar toda la casa ni de pintarla de nuevo. En este caso, en lugar de preguntar por el color que precisa cada estancia, intentaremos descubrir qué tipo de tono sería recomendable que estuviera más presente o incluso que dominase el recinto.

*Materiales necesarios*

◆ Un plano de la casa.
◆ Un péndulo armonizado con cualquier elemento.
◆ Una serie de cartulinas de tantos colores como sea posible.

## *Paso a paso*

1. Debemos procurarnos una paleta de colores, cuanto más variada mejor. Una forma de hacernos con ella será recurrir a un catálogo de pinturas en el que tengamos varias muestra de color. Otro método será seleccionar una amplia gama de tonos con la ayuda de un ordenador e imprimirla en una cartulina.
2. Sobre la mesa de trabajo situaremos la muestra de colores a la izquierda y el plano de la casa a la derecha.
3. Nos relajaremos un par de minutos y sosteniendo el péndulo lo situaremos sobre el plano de manera que su punta recaiga en el centro de una de las habitaciones. Paralelamente cerraremos los ojos y visualizaremos la habitación.
4. Cuando lo creamos oportuno, indicaremos en voz alta: «Deseo saber cuál es el color que debería dominar esta habitación».
5. Tras realizar la indicación, abriremos los ojos y desplazaremos el péndulo hacia la izquierda de la mesa para situarlo encima de la muestra de colores. Una vez lo tengamos encima volveremos a pronunciar nuestro deseo.
6. Cuando ya tengamos determinado el color, podemos preguntarle al péndulo: «¿Es necesario un segundo color en esta sala?». En el caso que su respuesta sea afirmativa, repetiremos el proceso de selección de color hasta encontrar el segundo tono.
7. Si el péndulo nos ha indicado dos colores, podemos matizar todavía más la respuesta y averiguar incluso qué paredes de la habitación o qué zonas debemos decorar con la coloración resultante. Para ello volveremos al plano y le pediremos al péndulo que nos indique la respuesta. Si no vemos claro cuál es la pared a pintar, podemos dirigirnos directamente a la estancia y desde el centro de la misma, indicarle al péndulo que nos marque mediante una oscilación cuál es la pared a pintar de un color u otro.

Con la práctica anterior no sólo armonizaremos la casa bajo la modalidad de la colorterapia, y además, siempre tendremos la seguridad de estar empleando en ella los colores que más se ajusten con la actividad que se desarrolla en su interior.

Ocasionalmente, dado que no siempre es factible pintar, podemos adecuar la ambientación de una sala mediante el uso de bombillas de colores, que podemos escoger para una situación u otra, también con la ayuda de un péndulo.

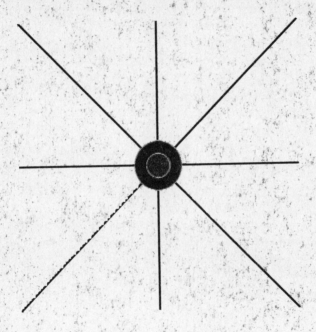

Tabla general para realizar prácticas con péndulos. Esta tabla, al estar dividida en ocho sectores, permite que el operador escriba en cada uno de ellos una serie de cuestiones sobre las que desee obtener respuesta.
De esta forma, sólo precisará ver la orientación del péndulo para revolver sus dudas.

**Tabla de colores.** En el modelo vemos una representación de la tabla de colores, ideal para sectorizar la manifestación energética. Con el uso de tablas de este tipo, podemos determinar a través del color, la energía que desprende una persona, un animal o incluso las diferentes habitaciones de una casa. Una variante del modelo impreso sería trazar el cuadrado y colorear cada una de sus zonas con el tono correspondiente.

## *Ejercicio: Test de embarazo*

Traer una nueva vida al mundo es un acto de amor, de responsabilidad y, cómo no, de energía. Sin lugar a dudas, la madre es la portadora de dicha energía durante meses y quien más notará los cambios. Pero, ¿qué ocurre cuando todavía no se tiene la certeza de la existencia de un embarazo?

Hay quien afirma que algunas mujeres ya en los primeros días de gestación tienen la capacidad, por vibración, de saber si están o no embarazadas. Al paso de los días, muchas de ellas se dan cuenta de que sólo era un desarreglo hormonal que las afectaba no sólo físicamente, sino también psíquica y vibracionalmente. Pero puede darse el caso de que el embarazo realmente se haya producido.

Como es lógico, existen sistemas bastante rápidos para descubrir si estamos en estado de buena esperanza, pero ¿qué hay de malo en verificarlo de forma radiestésica?

## *Objetivo*

Vamos a comprobar si realmente somos capaces de captar la existencia de un ser en gestación a partir de sus primeros pasos en el mundo energético, ya desde sus primeros días de vida en el interior de la madre. Para este ejercicio deberemos contar, principalmente, con la futura madre, aunque como veremos podremos trabajar también con un tablero de respuesta concreta como los descritos en ejercicios anteriores.

Si no es posible contar con la presencia de la madre para el experimento, debemos trabajar con una fotografía suya en la que aparezca preferentemente la mitad superior de su cuerpo.

## *Materiales necesarios*

◆ Una tela de color blanco.
◆ Un objeto personal de la futura madre.
◆ Un péndulo de plomada.
◆ Un tablero de respuesta SÍ o NO.

*Paso a paso*

1. Indicaremos a la mujer candidata a estar embarazada que se tumbe lo más cómodamente posible y que se relaje ayudada de la respiración. Procurará dejar la mente en blanco y no pensar en su posible estado de gestación, ya que su fuerza psíquica podría afectar al experimento.
2. El radiestesista se concentrará sosteniendo entre sus manos el objeto personal de la mujer a testar. Si se trata de un elemento de reducido tamaño como un anillo, pulsera o pendiente (debe ser un objeto que haya estado en contacto directo con la persona por lo menos durante los últimos quince días), puede unirlo al péndulo.
3. Mientras se sostiene el objeto entre las manos se pensará en el objetivo del ejercicio: obtener una respuesta sobre la existencia o no de un embarazo.
4. Cuando ambas personas consideren que están preparadas, el radiestesista colocará sobre el vientre de la mujer una tela de color blanco. Recordemos que esta tonalidad manifestará a la energía de la pureza, la vida y lo infantil. De esta forma, al visualizar el tono de color blanco, el radiestesista trabajará con mayor facilidad.
5. Tras el paso anterior, se situará el péndulo a la altura del ombligo de la mujer, sosteniéndolo para evitar que oscile. Cuando ya esté correctamente ubicado, se efectuará en voz alta la siguiente pregunta: «¿Está embarazada esta mujer?». Formulada la pregunta, sólo habrá que esperar y ver las oscilaciones del péndulo.

**NOTA**

Si no es posible contar con la presencia de la mujer, será preciso más que nunca el objeto personal y la fotografía de la candidata a madre.

Cuando hagamos una prueba de embarazo a distancia o no presencial, colocaremos primero la tela de color blanco sobre la mesa de trabajo. Sobre ella, la fotografía de la mujer y, encima, su objeto personal. Después realizaremos los puntos indicados con anterioridad.

Podemos complementar el ejercicio con el tablero de respuesta concreta. Para ello, cuando ya sepamos el estado de la persona analizada, colocaremos el péndulo sobre la cartulina de respuesta rápida y formularemos la misma pregunta para hallar una confirmación.

## *Ejercicio: ¿Niño o niña?*

Si descubrir la existencia de un embarazo ya es de por sí una experimentación rica y sugestiva, saber a qué signo pertenece el bebé no lo será menos. Lamentablemente, para la realización de este ejercicio deberemos esperar un poco más que para el caso de la práctica anterior. Aunque hay personas que aseguran que una cosa es la formación física del sexo y otra bien distinta la energética y, por tanto, que el sexo del bebé puede saberse ya desde el inicio del embarazo, recomendamos esperar por lo menos al tercer mes de gestación.

### *Objetivo*
Como es lógico, la meta básica del ejercicio es lograr descubrir qué sexo tendrá el bebé. Pero como medida complementaria, intentaremos descubrir también qué tipo de vibración nos transmite el feto con independencia de su sexo.

### *Materiales necesarios*

◆ Un anillo de plata.
◆ Un anillo de oro.

- Un péndulo tipo peonza.
- Una tela de color blanco.

*Paso a paso*

1. Indicaremos a la madre que se tumbe lo más cómodamente posible, intentando transmitir paz en su interior y por extensión, dando armonía a su futuro hijo o hija.
2. El radiestesista se relajará sosteniendo un anillo en cada mano. El anillo de plata representará al sexo femenino, mientras que el masculino hará lo propio con el oro.
3. Con ambos anillos en las manos, el operador se concentrará en la energía que desea captar por parte de las joyas, al tiempo que establece los códigos de diferenciación sexual ya referidos.
4. Pasados unos minutos, cuando ambas personas estén en condiciones de llevar adelante la experiencia, se cubrirá el vientre de la madre con la tela de color blanco, colocando a la altura de su ombligo los dos anillos, dejándolos separados entre tres y cinco centímetros.
5. Se colocará el péndulo entre los dos anillos efectuando la pregunta necesaria para saber cuál será el sexo del bebé.

Una vez se haya obtenido la respuesta que hace referencia al sexo del futuro hijo o hija, debemos pasar a la segunda fase del ejercicio, es decir, captar el tipo de energía que se halla albergada en el interior de la madre. Para ello, retiraremos los anillos, la tela de color blanco (ya que podría crear una influencia engañosa) y procederemos a recorrer todo el bajo vientre con el péndulo, concentrándonos en que deseamos saber qué tipo de naturaleza hay en el interior de la madre.

Es evidente que esta segunda parte del ejercicio no nos indicará cómo será el carácter del retoño ni cuál será su energía definitiva. Servirá para acercarnos al tipo de energía que habita en su interior, llegando incluso a saber si su estado resulta óptimo o puede presentar alguna complicación. Por tanto, debemos concentrarnos al máximo en percibir, en notar, pero sin obsesionarnos en hallar dolencias o problemas. Recordemos que la energía, simplemente, debe fluir.

## Ejercicio: ¿Qué nombre le ponemos al bebé?

De la misma forma que podemos saber si hay o no embarazo y cuál es el sexo del bebé, nada nos impide profundizar más en este tema y escoger, de la mano de la radiestesia, cómo queremos que se llame el retoño. Lo mejor sería intentar que fuese la criatura o, dicho de otra forma, la energía del feto, la que se definiese por uno u otro nombre. ¿Es ello posible? Bien, difícilmente tendremos la certeza de que haya sido el bebé quien desde el interior de su madre se haya decantado por uno u otro nombre, pero por probar no perdemos nada.

No olvidemos que un nombre es la unión de una serie de sonidos, de vibraciones. Muchos mandatarios, sacerdotes y místicos adoptan un apodo, un nombre especial que para ellos posee mayor vibración o poder que el propio. En definitiva, lo único que hacen es escoger otro nombre que muchas veces no es más que una variación del que ya tenían.

En el arte de la numerología, que se lo debe todo a Pitágoras, el nombre no se contempla como una simple denominación, sino como un cúmulo de datos que generan influencia sobre la persona, su vida y su entorno.

### *Objetivo*
En un primer estado, la meta propuesta para este ejercicio es hallar el nombre que mejor se armoniza con la energía del futuro bebé a partir

de una lista de nombres ya seleccionados por los padres. Esta primera parte de la práctica puede realizarse sin la presencia de los mismos.

En un segundo estado, pero sin que ello signifique buscar una confirmación de la fase anterior, intentaremos contactar con la energía del bebé para que se decante por un nombre o u otro. Para ello sí que necesitaremos, al menos, de la presencia de la madre.

*Materiales necesarios*

◆ Una lista de posibles nombres para el bebé.
◆ Un péndulo que esté armonizado con el elemento agua.
◆ Una tela de color blanco.
◆ Un anillo del metal que represente el sexo del bebé.

*Paso a paso*

1. Partiendo de la base que antes de realizar el ejercicio ya sabemos el sexo del bebé, nos relajaremos llevaremos a nuestra mente una imagen arquetípica de una naturaleza u otra.
2. Sobre la mesa de trabajo colocaremos una lista con todos los nombres posibles para el bebé. Si tenemos ocho nombres o menos, podemos escribirlos en un cuadrante similar al destinado a conocer el carácter emocional de una persona. Para ello debemos trazar un cuadrado que dividiremos en ocho sectores más o menos iguales. Si se trata de más nombres, hasta doce, el mejor método será dibujar un círculo a modo de reloj, y escribiremos un nombre en el lugar donde se ubicaría cada una de las horas.
3. Contemplaremos un par de minutos el tablero con todos los nombres. Acto seguido situaremos el péndulo en la zona central del círculo y efectuaremos la siguiente pregunta: «¿Cuál es el nombre más adecuado para el bebé?».

4. Tras la primera respuesta procederemos a retornar el péndulo a su posición original y solicitaremos un segundo nombre. Después, un tercero y así sucesivamente hasta completar la lista con todos los nombres, de forma que al final dispongamos de una nueva lista marcada no ya por las prioridades de los padres, sino por la energía.

**NOTA**

◆ Puede darse el caso que al realizar las preguntas necesarias para establecer la nueva lista de nombres, alguno de ellos se repita con mayor insistencia. De ser así debemos decantarnos por dicho nombre sin dudarlo.

Para efectuar la segunda parte del ejercicio, procederemos con la colaboración de la madre. Por descontado, el padre puede estar presente durante la práctica. En este caso el experimento será muy similar al anterior aunque con algunas ligeras variaciones:

1. Escribiremos la lista de nombres en la tela de color blanco de igual forma que hemos hecho con anterioridad en la cartulina.
2. Indicaremos a la madre que se relaje, sin pensar en nada más que en dar armonía y paz a todo su cuerpo. Ésta será una vibración que será captada por el feto que se alberga en su interior. Por lo que al padre se refiere, también deberá relajarse y procurar, al igual que la madre, no caer en la tentación de pensar en nombre alguno, ya que podría afectar a la buena realización del ejercicio.
3. El radiestesista se relajará y dejará de trabajar con el péndulo para hacerlo con el dedo índice de una de sus manos. Para ello deberá visualizar que su mano está en condiciones de captar energía como si se tratase de un péndulo.

4. Cuando el operador esté dispuesto, colocará el trozo de tela sobre el vientre de la madre y encima de él situará el anillo correspondiente al sexo del bebé. Situará la palma de su mano abierta unos cinco centímetros por encima de la barriga y, sin tocarla, se concentrará en contactar con la energía del nonato.
5. Pasados unos minutos, replegará todos los dedos de la mano a excepción del índice e indicará en voz alta: «Deseo saber qué nombre quiere el bebé».
6. Dado que los nombres son vibración, el operador situará el dedo sobre el nombre que está colocado a las doce de un reloj imaginario y lo nombrará en voz alta. Después, en el sentido de las agujas del reloj, pasará al siguiente nombre y así hasta haberlos recorrido todos. Mientras el radiestesista recita en voz alta los nombres, los padres, o sólo la madre si es el caso, deben formar en su mente la imagen de dicho nombre, y lo cambiaran inmediatamente por el siguiente cuando se pronuncie.
7. Una vez han sido mencionados todos los nombres, el operador deberá recorrer, poco a poco y con el dedo extendido, la esfera en la que se encuentran los nombres. Pasará uno por uno muy lentamente a la espera de hallar una señal que le indique un cambio en la manifestación de energía y que le haga entender cuál es el nombre resultante escogido por el futuro bebé.

## NOTA

◆ Si lo deseamos, para tener mayor seguridad en el acierto del ejercicio, también podemos usar una varilla de radiestesia como elemento señalizador. En este caso, todas las operaciones que hemos efectuado con el dedo se realizarán con la varilla y cuando ésta se incline o parezca tirar hacia el vientre de la madre, habremos encontrado el nombre adecuado para el futuro bebé.

- No suele ser recomendable que sean los padres los que realicen este ejercicio de captación, ya que suelen estar influidos por sus ideas y apetencias de cara a encontrar un nombre y posiblemente su energía ejercería una notable presión tanto en el péndulo como sobre la varilla.
- Aunque cuando se toma una decisión sobre el nombre del bebé, no es demasiado conveniente cambiarla, quizá la energía del nonato haya variado durante su gestación y el nombre que escogió unos meses después no le resulte armónico. Por ello, si se desea, se puede efectuar de nuevo este ejercicio a partir del séptimo mes de embarazo para ver si hay variaciones o nuevos resultados.

## *Ejercicio para descubrir bloqueos en el cuerpo*

En la medicina vibracional, un bloqueo es una manifestación de energía que no se ha sabido integrar con el todo que representa el cuerpo. Cuando ello sucede, acontecen diferentes tipos de molestias que pueden ser de índole física o emocional.

El bloqueo es un campo de energía que se altera y cuya alteración puede ser provocada por numerosísimas circunstancias que toda persona puede vivir diariamente. Quizá los bloqueos más notables son aquellos que acontecen después de una discusión, cuando aparecen sentimientos de fracaso o simplemente cuando hemos presenciado o participado en un acto con el que no estamos conformes.

Cuando el bloqueo se manifiesta, la persona no sabe lo que ocurre. Puede que de pronto sufra dolores de cabeza, padezca noches de interminables pesadillas o simplemente sufra una serie de molestias cuya naturaleza no acaba por descubrir.

Existen numerosas formas de poner en evidencia la existencia de un bloqueo. Ejercicios como los realizados en las técnicas gnestálticas, las prácticas de meditación consciente o la regresión hipnótica son algunas de las muchas formas que tenemos para trabajar.

A través del magnetismo y, por supuesto, con la ayuda de los péndulos y las varillas radiestésicas, también se puede llegar bastante lejos.

*Objetivo*

Sin entrar a matizar enfermedades y patologías, evitaremos tener como objetivo de nuestra búsqueda la terapia o la curación. Nos centraremos únicamente en descubrir qué nos sucede, es decir, en ver dónde tenemos el bloqueo, en qué zona del cuerpo se está manifestando y si afecta a otras. En una segunda fase podemos intentar descubrir las causas de cada bloqueo intentando captar las sensaciones que lo acompañan para entender así qué lo ha provocado.

Por supuesto, todas las prácticas que detallaremos pueden realizarse estando el paciente presente o a distancia. No obstante, siempre es más recomendable trabajar con la persona, ya que de esta forma captaremos mucho mejor su campo vibracional alterado y, si se diera el caso, podríamos aclarar mejor las dudas que puedan presentarse.

*Materiales necesarios*

◆ Un péndulo con mercurio o agua en su interior.
◆ Una varilla radiestésica.
◆ Una plantilla con un dibujo del cuerpo humano.

*Paso a paso*

1. Tras relajarnos de forma conveniente, comenzaremos por trabajar con el péndulo y la plantilla de dibujo que dispondremos sobre una mesa.

2. Evocaremos en nuestra mente la imagen de la persona a la que hemos decidido efectuar un diagnóstico de bloqueo. Podemos imaginar su rostro o su cuerpo entero, lo que nos resulte más fácil. En el caso de que la persona nos haya indicado un bloqueo concreto en alguna parte de su cuerpo, centraremos la visualización en dicha zona.
3. Pasaremos un par de minutos concentrados en la intención de captar la energía general que desprende la persona a la que vamos a diagnosticar. De esta manera sabremos en qué estado emocional se encuentra en general.
4. Acto seguido procederemos a desplazar el péndulo por encima del cuerpo dibujado en la cartulina o lámina según creamos conveniente.
5. Tras la primera prospección, desplazaremos el péndulo desde la cabeza hasta los pies del dibujo, muy poco a poco y con la intención de percibir un color que nos pueda marcar cuál es el estado de la persona.

Con el diagnóstico anterior ya habremos descubierto un tono, un color que nos ayude a descifrar si el paciente está triste o apático, si es vital o colérico. Estos datos también serán de utilidad para acercarnos a su energía cuando pasemos a trabajar directamente sobre su cuerpo.

Antes de pasar a diagnosticar cada uno de los puntos que pueden estar bloqueados, debemos repasar mentalmente las sensaciones que hayamos podido sentir en el momento que trabajábamos con la plantilla. En estas experiencias, ocasionalmente, el radiestesista percibe una imagen muy concreta de alguna zona del cuerpo que quizá esté dolida. Ésa debe ser la primera en trabajarse. De no ser así, procederemos a efectuar un repaso del campo energético del paciente procediendo de la siguiente forma:

1. Indicaremos a la persona que se desprenda de aquellas joyas o adornos tanto metálicos como plásticos que pueda portar. Seguidamente procuraremos que se desvista lo máximo que sea posible.
2. El paciente deberá estar de pie, con las piernas ligeramente separadas, los brazos pegados al cuerpo y los ojos cerrados. Se le pedirá que se relaje y para ello se le darán una serie de indicaciones sobre métodos de respiración.
3. Cuando el radiestesista considere que el paciente está suficientemente relajado, procederá a realizar una primera inspección de su cuerpo; para ello recurrirá a la tonalidad de color que ha captado en la primera fase del ejercicio. Es decir, debe visualizar a la persona rodeada de una aureola del color intuido con anterioridad.
4. Efectuará una comparativa entre la visión que ha percibido con la plantilla y la que está sintiendo ahora sobre el cuerpo. Si los tonos han cambiado, se preguntará mentalmente las razones de ello.
5. Indicará al paciente que coloque sus brazos en cruz y seguidamente procederá a pasar el péndulo desde la cabeza hasta los pies, muy lentamente.
6. En el momento que el péndulo se desplaza por delante y por detrás del cuerpo del paciente, el radiestesista debe indicarle mentalmente: «Deseo que me marques dónde están los bloqueos». Estará pendiente a cualquier oscilación que pueda producirse.
7. Una vez se ha hecho la prospección en sentido vertical, procederemos a realizarla en dirección horizontal. Comenzaremos por la punta de los dedos de una mano, alargándonos hasta pasar por el tronco y llegar a la punta de los dedos del otro brazo. Después se efectuará el mismo recorrido a la inversa.

8. Finalizado el recorrido anterior, efectuaremos captaciones en sentido horizontal por el tronco y las piernas, también por delante y por detrás del cuerpo.

A estas alturas, es normal que el péndulo haya marcado diferentes puntos del cuerpo. En alguno de ellos puede que se haya producido un bloqueo, pero no debemos caer en el error que todas las zonas poseen la misma negatividad. Ocasionalmente podemos detectar lo que se denomina un «nudo de energía».

Entenderemos como nudo de energía aquella zona del cuerpo que posee una gran fuerza energética o vibracional. Puede formar parte de la naturaleza del individuo y no es necesariamente una dolencia. De igual forma, puede que un nudo de energía esté relacionado con un chakra, uno de los siete centros vitales de manifestación energética que toda persona posee.

El radiestesista debe ir marcando en su plantilla las zonas que ha notado alteradas, puesto que será de gran ayuda para el paso siguiente: detectar con exactitud los bloqueos, procediendo de la siguiente forma.

1. Indicaremos al paciente que se tumbe boca arriba, cierre los ojos y se relaje.
2. Tomaremos el péndulo y lo colocaremos sobre uno de los puntos alterados que hemos percibido. Dejaremos que el péndulo oscile ligeramente y después le preguntaremos si allí hay un bloqueo.
3. Una vez tenemos la respuesta, debemos intentar captar qué tipo de energía se desprende de dicho bloqueo, y ello sólo podemos saberlo a través del código de colores o estableciendo una rueda de preguntas con el péndulo. Personalmente recomiendo los colores, ya que es un código que conoceremos mejor.

4. Realizado el proceso anterior, cuando ya tengamos localizados todos los puntos bloqueados, le indicaremos al paciente que se dé la vuelta para realizar la misma operación.

Ya conocemos dónde están los puntos y sabemos, además, qué tipo de sensaciones nos transmiten. El siguiente paso a realizar con la varilla servirá para que podamos ver dónde está la energía positiva, la que debe emplear el paciente para «curarse».

La autocuración está contemplada en numerosas disciplinas terapéuticas. Lamentablemente no podemos llegar a la curación con sólo desearlo o pretenderlo, pero si somos capaces de encauzar bien la energía positiva que hay en nuestro cuerpo y canalizarla hacia las zonas que puedan estar doloridas, lograremos un gran éxito.

Se trata simplemente de informar al paciente de en qué zonas de su cuerpo hay dolencias o bloqueos y, por tanto, en las que se debe concentrar en enviar positividad y armonía para aliviarlos. Pero, paralelamente, si también conocemos dónde está la vibración positiva, podremos dar las instrucciones necesarias para que una parte de su energía armónica se desplace hasta un lugar que esté afectado.

Para encontrar los puntos de fuerza y armonía en el cuerpo trabajaremos con la varilla de zahorí. A través de esta herramienta trazaremos un recorrido imaginario para averiguar dónde se encuentra la fuerza del paciente. Debemos proceder de la siguiente forma:

1. Cerraremos los ojos al tiempo que sostenemos la varilla en nuestras manos. Respiraremos profundamente cinco veces.
2. Vaciaremos nuestra mente de todo residuo del diagnóstico anterior centrando la intención en hallar una línea de positividad en el cuerpo del paciente.
3. Cuando consideremos que ya estamos preparados, le indicaremos al paciente que se tumbe boca arriba, con los ojos cerra-

dos, respirando pausadamente e intentando transmitir positividad y amor.
4. Pasados unos minutos, entre dos y cinco, nos acercaremos a la otra persona y situaremos la varilla sobre su cabeza, de forma que no la toque, manteniéndola a unos diez centímetros.
5. Nos concentraremos en aquello que deseamos hallar, el punto de energía positiva de su cuerpo. Podemos incluso decir en voz alta: «Necesito saber dónde está la energía positiva. Dónde está la fuerza de esta persona».
6. Proseguiremos desplazando muy suavemente la varilla desde la cabeza hasta los pies, a la espera de una manifestación. Al llegar a los pies, nuevamente volveremos a recorrer el cuerpo poco a poco, en esta ocasión en dirección inversa.
7. Tras el paso anterior realizaremos idéntico proceso con el paciente bocabajo. Puede darse el caso de que en la prospección frontal no hayamos captado nada y en esta segunda vez sí o viceversa. No importa, la cuestión es encontrar un punto de vibración, una zona de positividad y armonía.

Con el punto anterior daremos por finalizado el ejercicio. Ahora sabemos dónde están las zonas de carga negativa o bloqueos y en qué parte podemos hallar la fuerza para contrarrestarlos. El resto ya es una cuestión terapéutica en la que no podemos entrar.

## *Ejercicio: ¿Cómo están los chakras?*

Ya hemos visto a través del ejercicio precedente que poseemos numerosos puntos o zonas de energía. Quizá los más conocidos, los que más debiéramos cuidar y controlar son los denominados «siete chakras básicos».

Cada chakra es un centro de vibración que está relacionado con la vida cotidiana. De esta forma, cuando algo nos beneficia o afecta, ayuda o dificulta la función de un chakra, que pueden incluso generar no sólo enfermedades, sino también estados emocionales difíciles de controlar.

De igual manera que un punto de energía en cualquier parte del cuerpo puede manifestarse a través de una vibración que es captada con el péndulo, con los chakras sucede lo mismo. Pero antes de preguntar por los chakras, veamos dónde están y cuál es su regencia en el cuerpo.

## *Chakra sacro*
Es el chakra situado en la parte más baja del cuerpo. Podemos localizarlo justo entre el sexo y el ano. Como punto vibracional, está asociado a los principios materiales, a los más instintivos y e impulsivos.

Este chakra puede participar energéticamente en los deseos de venganza y en la violencia física. También representa todo aquello que en nuestra vida cotidiana interpretamos como vulgar y mundano.

La descompensación energética del chakra puede acontecer cuando creemos que nuestras acciones han sido manipuladas, en aquellos momentos que creemos que estamos perdiendo el tiempo en acciones que no nos reportan nada y a las que podemos llegar a odiar.

## *Chakra púbico*
Recibe este nombre por hallarse ubicado en la zona del pubis. Es un punto vibracional que rige de forma especial todas las acciones que tengan relación directa con la sexualidad.

En esta zona hallaremos los impulsos eróticos y voluptuosos, pero también se hayan manifestados el rencor, los celos y la envidia.

El chakra suele descompensarse precisamente cuando la persona siente que no es valorada como antes o cuando percibe que está pasando a un segundo plano con respecto a su entorno.

## Chakra umbilical

Está en la zona del ombligo, entre dos y tres dedos por debajo de éste. Su vinculación está asociada a todo lo que tenga relación directa o indirecta con la fertilidad.

Muchas personas caen en el error de relacionar dicho chakra con los hijos. Realmente tiene una vinculación con el hecho de procrear, pero debemos ver su utilidad energética más allá, es decir, como la fertilidad de las acciones que emprendemos a lo largo de un día o de nuestra vida.

Este chakra suele descompensarse energéticamente cuando tenemos sensación de fracaso o cuando pasamos por una etapa de falta de operatividad en el terreno que sea.

## Chakra solar

Este punto de energía, que también recibe el nombre de «Chakra del Plexo Solar» o «Chakra del Corazón», está localizado en el denominado Centro Evolutivo del Ser, en el plexo solar. Al tener tres chakras en el nivel inferior, puramente relacionados con la parte más material y otros tres en el nivel superior, asociados a la parte espiritual, se considera que el Solar es el chakra que marca el equilibrio en el ser humano.

Es el punto de energía que más rige los sentimientos y las emociones. Aunque tiene una gran vinculación con la vida afectiva placentera, el romanticismo y los sueños idealizadores, también participa energéticamente en cuestiones de envidia, rencor, sinceridad y paz interior.

Suele descompensarse cuando la persona vive momentos de confusión de la índole que sea, especialmente de carácter emocional. Por otra parte, cuando las acciones que realizamos no están acordes a nuestros sentimientos o creencias, el chakra acostumbra a verse afectado.

## Chakra laringe

Denominado también «Chakra de la Fonación» o «Comunicativo». Se encuentra en la garganta. Es el responsable de la comunicación, de la fluidez del individuo ante el medio que le rodea. Por supuesto marca todo aquello que tenga relación con la expresión o con el silencio.

Suele afectarse cuando la persona padece problemas de comunicación, cuando se siente coartada para expresar aquello que siente o en lo que cree. También cuando quien emite los mensajes cree que no son escuchados con el interés que debieran. Es uno de los chakras que más suele resentirse en una discusión.

## *Chakra pineal*

Se encuentra en la parte que popularmente se denomina «tercer ojo», es decir, en el entrecejo. También recibe el nombre de la intuición o la videncia.

Tiene relación directa con la energía que vertimos en los proyectos cotidianos, las ideas y los sueños a largo plazo.

Suele descompensarse o afectarse cuando las ideas no se aceptan, son censuradas o no se tienen en cuenta sin motivos aparentes, y también cuando la persona no puede pensar en libertad o se siente cohibida o subyugada por otros.

## *Chakra coronario*

Está ubicado en la coronilla y también recibe el nombre de Chakra de la Espiritualidad. Por supuesto es el chakra más espiritual de todos.

Este punto de energía representa la pureza espiritual, la fuerza evolutiva, la creatividad formativa y la solidaridad.

Suele afectarse cuando consideramos que las acciones no se rigen por una ética o moral adecuada.

### *Objetivo:*

Como veremos, testar los chakras es algo que resulta muy fácil. Podemos hacerlo buscando la energía del conjunto, es decir, analizando la línea imaginaria que forman los centros de energía o bien centrándonos sólo en alguno de ellos para saber en qué estado se encuentra. El objetivo básico del ejercicio es que el lector pueda entrar en contacto con sus zonas de energía estables y preguntar, en el caso del análisis personalizado, en qué estado se encuentran.

*Materiales necesarios:*

◆ Música evocativa y sugerente para la relajación.
◆ Un péndulo para analizar los chakras individualmente.

*Paso a paso*

1. Ambientaremos la estancia de trabajo con un poco de música para relajación o que sea sugestiva y nos permita evadirnos al menos durante cinco minutos. De esta forma nuestra energía estará mucho más armonizada.
2. Nos sentaremos con la espalda bien recta y las piernas ligeramente abiertas. Cerraremos los ojos y nos concentramos en todos los chakras comenzando por el sacro y terminando por el coronario.
3. A medida que observamos los chakras o que nos centramos en la zona en la que están, debemos imaginar un punto de luz que oscila.
4. Tomaremos el péndulo como lo hacemos de forma habitual y lo situaremos lo más cerca que podamos del chakra. Dejaremos que oscile con libertad.
5. Pasado un minuto le solicitaremos al péndulo una respuesta al respecto del estado energético del punto en cuestión. Podemos preguntar: «¿Está trabajando en armonía este chakra?». La respuesta, en lugar de centrarla en los movimientos habituales de SÍ y NO, podemos obtenerla a partir de giros. De esta forma, si el péndulo gira en sentido de las agujas del reloj, entenderemos que hay armonía, y si el giro es inverso, que no la hay.

**NOTA**

◆ Tengamos en cuenta que si deseamos testar el nivel del chakra coronario debemos colocarnos enfrente de un espejo para poder observar las oscilaciones del péndulo sobre nuestra cabeza.

Si lo deseamos, podemos encontrar las líneas de chakras en otras personas con la ayuda de la varilla radiestésica. En este caso no se tratará tanto de saber cómo se encuentran los chakras, sino de saber exactamente dónde están. Si bien he aportado unas indicaciones sobre su localización, puede darse el caso de que haya alguna variación (muy ligera) sobre su ubicación exacta.

Con la varilla no sólo podremos encontrar la zona exacta de cada chakra, tendremos, además, la oportunidad de trazar una línea imaginaria siguiendo la corriente que va desde la cabeza hasta el sexo. Para hallarla seguiremos estos pasos:

1. La persona a analizar puede estar de pie o tumbada, aunque esta segunda opción seguramente será la mejor, ya que le ofrecerá más comodidad de cara a la relajación.
2. Le indicaremos que cierre los ojos y respire profundamente al tiempo que centra su intención en potenciar la energía de sus chakras.
3. El radiestesista tomará la varilla entre sus manos, se relajará y generará en su mente la intención de encontrar los puntos de energía. Le ordenará a su varilla que debe oscilar cuando el punto esté latente.
4. Comenzaremos la práctica de captación haciendo que la persona repase mentalmente sus puntos de energía comenzando por el sacro y terminando por el coronario. Deberá destinar al menos un minuto para cada uno de los puntos.

5. Tras el punto anterior, el radiestesista situará su varilla a la altura de los pies de la otra persona y seguirá en camino ascendente en dirección a la cabeza.

Si la concentración ha sido la adecuada durante la realización del ejercicio, el radiestesista habrá podido captar la ubicación exacta de cada punto de energía y podrá después recorrerlos a través de una línea imaginaria, notando las pulsiones de su varilla a cada nuevo paso.

En estos ejercicios resulta curioso comprobar que, mientras el radiestesista se halla buscando los chakras, la otra persona suele percibir sensaciones de hormigueo o cambios de temperatura en cada uno de sus chakras. El fenómeno se produce justo en el momento en que la varilla pasa sobre ellos. No tiene mayor importancia, pero no deja de ser anecdótico y no debe preocuparnos en absoluto.

# Anexo
## Ejercicios rápidos y sugerencias de trabajo

Ya he comentado que la radiestesia y el uso de los péndulos prácticamente no tienen límites y que debe ser el lector quien cree sus campos de investigación o, en su defecto, «crear sus propias fronteras».

A lo largo de las páginas precedentes hemos tenido la oportunidad de ver algunas prácticas de una forma muy descriptiva y paso a paso. Estableceremos a modo de colofón otros ejercicios muy rápidos y sencillos que nos pueden ayudar en algunos aspectos de nuestra vida cotidiana.

### ¿Qué cama debo comprar?

Imaginemos la situación: debemos cambiar los muebles de dormitorio. Tenemos varios que son de nuestro agrado, pero ¿cuál de todos ellos se ajustará más a nuestra vibración energética? Una cama jamás debe improvisarse. En ella pasaremos muchas horas y, por tanto, debemos saber escoger bien.

La mejor manera de hallar una buena cama (ello es extensivo para otros muebles) será dirigirnos a la tienda especializada con la varilla de zahorí y con la intención de encontrar la cama con mayor nivel de energía.

Cuando tengamos las diferentes camas enfrente de nosotros, tomaremos la varilla, vaciaremos rápidamente nuestra mente y le ordenaremos que detecte la cama con más energía positiva. Trazaremos una línea recta al lado de todas las camas candidatas y veremos que cerca de alguna de ellas la inclinación será mayor. Ésa será nuestra cama.

## ¿En qué dirección debo dormir?

Podemos tener una casa armónica telúricamente hablando y una mejor cama, pero quizá la disposición de ella en la habitación no lo sea tanto. Ello puede solucionarse con una simple pregunta al péndulo.

Para proceder nos dirigiremos al dormitorio, entraremos en relajación y le ordenaremos al péndulo que nos indique en que dirección deberíamos situar la cabecera de la cama. Posteriormente podemos comprobar con la varilla si se trata de una zona en la que hay un punto de confluencia telúrica.

## ¿Cuál es mi animal de compañía?

Las mascotas están a la orden del día, pero cada animal traduce una energía muy concreta. Recordemos por ejemplo que los perros prefieren un tipo de energía mientras que los gatos se decantan por otra bien distinta. Al margen de ello, quizá nos guste un animal y creamos que con él tendremos una convivencia armónica, pero, ¿y si no es así?

Supongamos que desde siempre nos han gustado los loros y creemos que es un buen momento para adquirir uno. Puede que nuestro gusto sea uno y la vibración otra. Por eso, lo mejor será consultar con el péndulo sobre el nuevo amigo.

Para ello escribiremos en un círculo el nombre de los diferentes animales que podemos adquirir. Nos concentraremos visualizando cada uno de ellos y acto seguido le pediremos al péndulo que nos indique cuál es el que se ajusta mejor a nuestra vibración.

## *¿Y si los animales son parecidos?*

Imaginemos que finalmente, tras el ejercicio anterior, en lugar de un loro hemos llegado a la conclusión que lo mejor era un periquito. Es de suponer que también le habremos preguntado al péndulo por el color que debería tener el ave para estar en perfecta armonía. Pero de nuevo nos encontramos un problema al llegar a la pajarería: hay demasiados pericos parecidos y azules. ¿Cuál escoger? Nuevamente podemos efectuar una sencilla prueba.

Una vez tengamos seleccionados las dos o tres aves que más nos gusten, solicitaremos al vendedor que los separe. Después situaremos el péndulo a una distancia prudente del ave y preguntaremos por su energía. Seguro que encontramos el más conveniente.

## *Un lugar para las plantas*

Es realmente misterioso comprobar que plantas de idénticas familias, sometidas a las mismas temperaturas y riego, no crecen de la misma forma. Los expertos dicen que la planta debe acabar por encontrar su lugar en la casa. La verdad es que a veces la intuición nos hace cambiar de ubicación una planta y vemos sorprendidos cómo en el nuevo lugar recupera su color y crece mucho mejor. Si no sabemos en qué lugar debemos colocar las plantas, buscaremos aquel cuya energía sea más armónica con el vegetal.

Para proceder, tomaremos el péndulo y lo situaremos encima de la planta intentando captar su energía. En caso de no desear emplear el péndulo recurriremos a la mano. Nos concentraremos en visualizar un color que represente a la energía de la planta. Cuando lo hayamos encontrado, procederemos a localizar el lugar adecuado. Para ello visualizaremos el tono captado de la planta al tiempo que sostenemos la varilla de radiestesia en las manos. Con esa imagen en la mente, nos concentraremos en que la varilla nos indique el lugar de la casa en que dicho color puede manifestarse.

## *¿Hay negatividad en el ambiente?*

Dejando de nuevo a un lado las líneas telúricas de la casa, supongamos que hemos tenido una visita o hemos celebrado una fiesta y de pronto nos da la sensación de que las cosas no son como antes. Quizá haya malas vibraciones en el ambiente. Si es así, el péndulo nos ayudará a captarlo.

Para obtener una respuesta, nos relajaremos e, intentando no pensar en ninguna de las personas que han estado las últimas horas en la casa, nos dispondremos a encontrar la posible negatividad. Nos dirigiremos al centro de la vivienda y desde allí formularemos la pregunta al péndulo: «¿Hay negatividad en el ambiente?».

Posteriormente, si la respuesta es afirmativa, debemos preguntarle en qué zona está dicha vibración. Para ello le ordenaremos que nos señale en qué dirección debemos caminar para llegar a la habitación.

Una vez ya tenemos localizado el lugar, debemos saber qué o quién ha provocado ese malestar y la mejor forma de hacerlo será ordenar a nuestro péndulo que oscile en una dirección determinada cuando pensemos en la persona que ha generado la negatividad.

Poco a poco, a ser posible sentados en la habitación infectada, iremos repasando mentalmente el rostro de las personas que los últimos días han estado en dicha estancia. Debemos ver el rostro de cada individuo bien definido en nuestra mente y después, cuando la imagen sea clara, le preguntaremos al péndulo: «¿Ha sido él / ella el responsable?».

# *Índice*

**Introducción** .................................... 7

**Primera parte** .................................. 13
   Historia de la radiestesia ........................ 15
   ¿Qué es la energía? ............................. 27
   Las energías telúricas ........................... 37
   Los péndulos .................................. 43
   Las varillas de radiestesia ....................... 59
   Utilizando manos y brazos como péndulos ............. 67
   Profundizando en las técnicas ..................... 77

**Segunda parte.** Ejercicios ......................... 93

**Anexo.** Ejercicios rápidos y sugerencias de trabajo ........ 149